DE LA CAUSE

DES RÉVOLUTIONS

EN FRANCE

PAR

M. A. THÉTARD

INGÉNIEUR

« Ils sont présomptueux, jusqu'à tel point que de
vouloir avoir le premier lieu, où ils ne peuvent
prétendre que le troisième, ce qui est tellement
contre la raison et contre le bien de l'État, qu'il est
absolument nécessaire d'arrêter le cours de telles
entreprises, puisque autrement la France ne serait
plus ce qu'elle a été et ce qu'elle doit être, mais
seulement un corps *monstrueux* qui, comme tel, ne
pourrait avoir de subsistance ni de durée. »

(Le cardinal DE RICHELIEU.)

PARIS

CHEZ L'AUTEUR

1873

DE

LA CAUSE DES RÉVOLUTIONS

EN FRANCE

PARIS. — IMPRIMERIE A. HENNUYER, RUE DU BOULEVARD, 7.

APERÇUS HISTORIQUES

DE LA CAUSE

DES RÉVOLUTIONS

EN FRANCE

PAR

M. A. THÉTARD

INGÉNIEUR

> « Ils sont présomptueux, jusqu'à tel point que de vouloir avoir le premier lieu, où ils ne peuvent prétendre que le troisième, ce qui est tellement contre la raison et contre le bien de l'Etat, qu'il est absolument nécessaire d'arrêter le cours de telles entreprises, puisque autrement la France ne serait plus ce qu'elle a été et ce qu'elle doit être, mais seulement un corps *monstrueux* qui, comme tel, *ne pourrait avoir de subsistance ni de durée.* »
>
> (Le cardinal DE RICHELIEU.)

PARIS

CHEZ L'AUTEUR

1873

AVANT-PROPOS

Il est d'habitude, chez certaines classes de la société, d'admettre que les révolutions, en France, ne proviennent que du fait de l'ouvrier. C'est encore une de ces erreurs malheureusement trop fréquentes dans l'esprit de nos concitoyens, et contre laquelle, en quelques mots, nous allons essayer de réagir. Que les ouvriers constituent la force brutale sur laquelle s'appuient les hommes d'opposition pour le renversement de tout pouvoir, de toute autorité, nous l'admettons; mais, en réalité, ils ne sont pas plus coupables que ne l'est le moteur faisant explosion par l'incapacité de celui qui le dirige.

C'est sous l'influence de cette première idée, et dans la louable intention de combattre des doctrines considérées comme subversives de l'état social, que plusieurs journaux, de ceux dits *conservateurs*, ont annoncé que des écrits particuliers, dus à l'initiative de personnes honorables, allaient être répandus parmi les classes ouvrières.

Qu'il me soit permis de présenter quelques observations à l'égard de ce projet.

Je fus témoin à Paris, en 1848, du triste accueil que l'on faisait dans nos ateliers aux livres publiés par la rue de Poitiers. Je puis affirmer qu'aujourd'hui il en serait de même, et que tout écrit de ce genre est condamné à l'avance comme lettre morte : d'abord parce que leurs auteurs, pour la plupart, ne connaissent nullement l'esprit des classes ouvrières sous les rapports intimes du caractère, de l'intellect et de leurs passions ; ensuite parce que les idées, depuis cette époque, se sont considérablement modifiées dans le sens d'une appréciation beaucoup plus exacte en ce qui concerne les questions économiques, et surtout celles qui sont relatives aux bénéfices produits par le travail ; puis enfin, parce que, à tort ou à raison, l'ouvrier ne voit plus dans le bourgeois, industriel ou capitaliste, que l'oppresseur, et lui, l'opprimé. Que l'on y ajoute cet esprit intelligent, railleur, sceptique, perverti par l'abjecte littérature moderne, sans croyances religieuses, riant de toutes choses, même les plus respectables, le cœur dévoré de jalousie lorsqu'il compare sa situation de misère, lui, le producteur de la richesse, à celle d'une bour-

geoisie enrichie par le travail du prolétariat
et dont le luxe déréglé vient encore ajouter à
sa haine : c'est alors que l'on aura un exposé
complet de la situation morale de l'ouvrier.

Croit-on que, dans ces déplorables conditions
d'antagonisme, les livres qui seraient publiés
pour combattre un tel état de désagrégation sociale puissent être suffisants ? surtout s'ils étaient
écrits, ainsi que l'ont été les opuscules de la rue
de Poitiers, avec une simplicité tellement naïve
qu'elle en était parfois ridicule ; quand encore,
il faut le dire, ces écrits s'adressaient à des
hommes dont on ne soupçonne nullement le véritable degré de capacité relative, à des hommes
sans éducation, c'est possible, mais non, je le
répète, sans intelligence. Et la preuve de cette
affirmation n'existe-t-elle pas dans ce grand
nombre d'ouvriers qui, privés d'instruction, sont
néanmoins parvenus à acquérir ce que l'on
pourrait appeler la notoriété, voire même, pour
quelques-uns, l'illustration ? Eu égard à l'état
actuel des esprits et des idées, ces livres seraient
donc de nul effet. On peut ajouter qu'ils iraient
contre leur but, en montrant trop ouvertement
à l'ouvrier le prix que l'on attache à sa conver-
sion. Toutefois, quand nous parlons de l'ouvrier,

nous désirons vivement que le lecteur soit persuadé que nous n'acceptons sous cette dénomination que l'homme demandant au travail seul sa subsistance, et que nous ne pouvons admettre à l'honorabilité de ce titre ce ramassis d'individus qui, dans le bouillonnement des passions politiques et l'intensité des orgies révolutionnaires, constitue cette écume que l'on voit toujours à la surface.

Aujourd'hui, il n'existe plus guère au cœur de l'homme du peuple — de celui dont nous avons analysé très-rapidement le caractère — qu'une seule qualité : le dévouement. On sera surpris du fait que nous énonçons; cependant il est réel, et voici pourquoi : c'est qu'il est dû, en général, dans cette classe, à l'absence de tout égoïsme. L'ouvrier se dévoue facilement; vous le verrez secourir la misère des autres avec une abnégation exemplaire; vous le verrez adopter un orphelin, augmenter ses charges, celles de sa famille, avec un complet abandon et sans réflexions intéressées. En politique il agit de même. Toujours facile à entraîner, séduit par les phrases des ambitieux rhéteurs de la bourgeoisie, il croit que la république est la forme de gouvernement qui, seule, soit capable de changer à son avan-

tage l'état actuel du prolétariat; de suppléer à
l'abandon dans lequel l'ouvrier a toujours été
laissé; de corriger les nombreux abus qu'a fait
naître une fiévreuse époque d'industrialisme;
c'est enfin sollicité par de tels sentiments, bons
et mauvais, qu'il se dévoue à la république. Elle
est pour lui l'idéal; c'est l'inconnu, dans lequel
néanmoins il espère. Mais que l'ouvrier trouve
un appui véritable contre la domination égoïste
de la bourgeoisie industrielle et capitaliste;
qu'il rencontre cet appui dans le clergé et dans
le parti légitimiste; que la protection, accordée
selon lui trop exclusivement aux classes bourgeoises directrices du travail, n'existe plus aussi
forte en faveur du capital, croit-on que, dans
ces conditions, et avec le temps, l'ouvrier ne
puisse se rallier et se dévouer à ceux qui, prenant sa défense, le protégeraient contre l'omnipotence de la bourgeoisie, et qu'enfin il ne
puisse accepter la monarchie légitime du jour
où cette dernière soutiendrait résolûment les
intérêts du travailleur?

Il est certain que, pour beaucoup de personnes, l'opinion que nous émettons fera crier
au paradoxe, à l'impossibilité. Toutefois, qu'elles

veuillent bien réfléchir sérieusement; elles comprendront, en envisageant la situation faite à
l'ouvrier, tout ce qu'il peut y avoir d'amer au
cœur et de triste découragement dans une classe
constamment abandonnée sous le prétexte d'une
liberté illusoire; privée de tout intérêt moral;
que l'on prend, quitte ou rejette suivant les né-
cessités ou le bon plaisir des intérêts matériels;
méprisée par une bourgeoisie dont les sentiments, certes, sont souvent encore au-dessous
des siens; elles comprendront, dis-je, que la
classe ouvrière, en présence d'une protection
aussi inattendue pour elle, puisse d'abord en
être quelque peu surprise, cela est certain; mais
pourquoi n'en serait-elle pas convaincue lorsqu'elle verrait tout un parti d'hommes honorables
— ceux qu'elle considère comme étant les plus
opposés à toutes réformes — venir franchement
prendre sa défense? Et pourquoi encore ne pas
admettre qu'elle puisse en être reconnaissante,
elle qui se laisse si facilement entraîner par les
paroles hypocritement bienveillantes de tous les
intrigants politiques, ses meneurs habituels,
mais dont cependant, il faut le remarquer, elle
commence aujourd'hui à reconnaître les per-
pétuels mensonges?

Nous croyons donc que c'est dans le sens d'une protection nettement formulée en faveur des classes ouvrières que les écrits projetés doivent être émis. Et si quelques-uns l'étaient par le parti légitimiste, nous ne pouvons que lui conseiller de s'isoler complétement de la bourgeoisie, attendu que cette classe constitue pour la plus grande part la force même du parti orléaniste.

C'est alors seulement, et dans le sens par nous indiqué, que ces publications deviendraient d'une réelle efficacité pour rappeler l'ouvrier aux principes de la religion et de la foi politique. Mais on ne doit pas se le dissimuler, pour parvenir à un semblable résultat, que d'efforts, de luttes et de travail ne faudrait-il pas encore !

Quant au lecteur qui voudra bien consacrer quelques instants à cet écrit, nous lui demanderons de nous lire avec un peu d'attention. Malgré le soin apporté pour exprimer notre pensée en termes aussi nets et aussi succincts qu'il est possible de le faire dans une brochure de quelques pages, ce n'est encore qu'avec une certaine habitude de manier la phrase que l'on peut y parvenir, et nous avouons sincèrement — si déjà

le lecteur ne s'en est aperçu — que, cette habitude, nous ne la possédons pas.

Peut-être le lecteur sera-t-il surpris à l'émission des idées que nous allons, sinon développer,
du moins exposer très-brièvement ; peut-être
encore taxera-t-il l'auteur, en présence des
moyens proposés, d'être un esprit aventureux.
Cependant, s'il devait en être ainsi et malgré la
défaveur d'un pareil jugement, notre croyance
est si forte, nos convictions sont tellement pro-
fondes sur toutes les questions brûlantes de
notre situation politique, ainsi que sur les causes et la nature exacte de l'esprit qui règne parmi
les classes ouvrières, que nous serions encore
persuadé qu'il faut employer un moyen d'une
grande énergie, et cela non-seulement pour
combattre les erreurs politiques qui, comme
idées, existent dans l'esprit des masses, mais
surtout pour que ce moyen puisse devenir une
solution équitable, raisonnée, capable de donner avec elle une satisfaction immédiate aux
réclamations des classes ouvrières. Et ne pas
obtenir un pareil résultat, ce serait constituer à
l'état de permanence les révolutions et les ruines
qui sans cesse se renouvellent et sans cesse nous
accablent ; ce serait réduire la France à subir

perpétuellement cette honteuse anarchie dans laquelle, depuis quatre-vingts ans, elle se débat; ce serait enfin, pour le parti légitimiste, renoncer à la prépondérance de protection que, suivant nous, il devrait exercer sur les classes inférieures, et que malheureusement il abandonne depuis trop longtemps aux éternels rhéteurs de la bourgeoisie révolutionnaire.

Si le moyen réellement conciliateur des intérêts de la bourgeoisie et du prolétariat, et dont nous indiquons l'idée principale : association du travail et du capital, n'était pas jugé susceptible d'être employé, nous cherchons vainement, en présence des nombreuses et injustes préventions dont la royauté légitime est frappée, sur quelle autre base d'action il serait possible de s'appuyer pour ramener les classes inférieures au sentiment du principe monarchique. N'est-il pas évident que la confusion de toutes les opinions, l'absence de toute foi politique, la funeste disparition des croyances religieuses, la misérable pusillanimité qui fait, à beaucoup de gens, adopter le parti républicain comme sauvegarde de leur personnalité, en un mot, le terrible aveuglement qui nous atteint — précurseur fatal de la perte des nations — ne pourrait que nous faire désespérer du salut de ce malheureux pays!

On accuse constamment les classes ouvrières d'être sous l'influence d'idées sociales dangereuses; on fait d'elles ce spectre rouge d'intimidation qui, en définitive, ne rallie que très-imparfaitement les conservateurs et n'aboutit à aucun effet utile en faveur de la cause monarchique légitime, et l'on ignore ou on paraît ignorer qu'à l'heure présente ces classes ne sont pas encore les plus à craindre. Si l'on était à même de connaître tout ce qu'il y a de folie, de délire, d'envie, d'hystérie politique — c'est le mot — dans la moyenne et la basse bourgeoisie, aussi bien en province qu'à Paris, on en serait encore plus effrayé, plus navré peut-être que de l'état actuel des esprits dans le prolétariat. Cette partie de la bourgeoisie, laquelle, à l'exemple de son aînée, n'est jamais satisfaite, mais toujours vaniteuse, ignorante et bassement envieuse, constitue un danger redoutable pour la sécurité publique. Plus perspicace que l'ouvrier, mais aussi plus avide, si elle vote pour la république, comprenant toutefois le péril dans lequel un pareil acte l'entraîne, elle espère néanmoins en profiter, attendu que — chose honteuse à penser — elle y voit en perspective, elle qui possède, le renouvellement des spoliations du passé. Elle vient aujourd'hui, avec les masses, former l'appoint de cette immense majorité, dont le pouvoir actuel, dans son aveuglement, espère, avec si peu d'intelligence pour lui — et malheureusement pour nous — recueillir les bénéfices.

Enfin nous dirons au lecteur que la nullité de notre influence politique en Europe et les déplorables instabilités de notre organisation sociale autorisent suffisamment la recherche des considérations historiques ayant amené cette terrible situation.

On s'étonnera peut-être qu'un pareil sujet puisse être traité par un homme chez lequel, jusqu'à ce jour, nul travail important n'est en droit d'autoriser une semblable prétention, et qui n'a pour lui, du moins il le croit, que l'exacte connaissance de l'esprit des masses, acquise par des antécédents de position qui, dès sa jeunesse, le placèrent en contact avec l'ouvrier. S'il exprime à cet égard certaines opinions avec trop de franchise, c'est que, moins aveugle que les malheureux entraînés et surexcités par des individualités coupables, il ne peut admettre que les classes inférieures soient toujours sacrifiées à l'ambition ou à l'avidité de ces hommes de la bourgeoisie, qui, satisfaits, osent dérisoirement prétendre, quand la république est par eux proclamée, qu'avec eux encore la révolution doit être finie, et qu'à son tour le prolétariat ne peut également que se montrer satisfait.

Quel que soit le jugement que l'on portera sur cet écrit, l'auteur l'accepte ; il est persuadé qu'il accomplit un devoir en soumettant ses idées à l'appréciation de personnes plus autorisées qu'il ne croit l'être et dont il s'honore de partager les convictions politiques : heureux, au milieu de ce chaos de toutes les opinions excitées par l'envie et la jalousie, de toutes les défections produites par l'orgueil et la vanité, de subordonner fidèlement ses croyances aux vieilles institutions de son pays : catholique avec le pape, monarchique avec le roi, sans que pour cela il soit obligé de faire aucun abandon de ses opinions économiques et des idées de justice sociale qu'il croit être les plus favorables à l'amélioration du sort de ceux dont il a partagé les travaux et les privations : heureux encore de ne pas être la dupe de la théorie de nos prétendus progrès dans le système gouvernemental — prétendus progrès qui conduisent une nation à sa ruine, lorsque, dans ses illusions présomptueuses, elle se croyait parvenue à l'apogée de la puissance et de l'invulnérabilité quand, au contraire, elle ne faisait que parcourir une des phases plus ou moins agitées, plus ou moins calmes de sa période révolutionnaire ; quand, en un mot, la France ne possédait pour la diriger que l'un de ces gouvernements de circonstance que méritent les peuples lorsqu'ils oublient l'observation des grands principes sociaux sur lesquels reposent la force et la sécurité des nations. Mais si l'auteur reconnaît que le principe monarchique est seul capable de nous sortir de l'abîme dans lequel nous sommes plongés, c'est toutefois à la condition d'y aider par des actes en rapport avec la persistante énergie déployée par les hommes des partis contraires.

Paris, novembre 1872.

Il se peut que, relativement aux questions économiques, l'intérêt du lecteur lui fasse désirer des explications plus complètes sur différents sujets que nous ne faisons ici qu'indiquer ; qu'il veuille, dans ce cas, consulter les deux brochures publiées sous ce titre : *La France en 1871* (E. Dentu) et *l'Association du Travail et du Capital* (Garnier frères).

LA CAUSE DES RÉVOLUTIONS

EN FRANCE

Pour étudier les principaux événements de notre histoire contemporaine, il ne suffit pas seulement de regarder à la surface, c'est-à-dire de ne considérer que l'accomplissement des faits chronologiques, il faut savoir reconnaître avec exactitude quelles sont les causes qui les produisent ; et qui veut comprendre à fond les choses humaines doit savoir apprécier la nature exacte des motifs, même les plus faibles en apparence, lorsqu'ils amènent la décadence des États. Il convient donc d'observer avec attention les changements qui s'effectuent dans les idées religieuses, les mœurs, les inclinations, les erreurs et les aptitudes sociales ; il ne faut pas croire enfin que la fortune ou le hasard décide du sort des empires, de leur force ou de leur ruine, car il est certain que, dans un État, la conduite politique d'une seule classe de la société peut, en

raison de son influence, bonne ou mauvaise, détruire complétement l'harmonie sociale d'un
peuple et déterminer sa chute.

Pour analyser un tel sujet, nous avons esquissé,
aussi rapidement qu'il nous a été possible de le
faire avec un cadre très-restreint, les principales considérations qui nous paraissaient les
plus capables d'expliquer les causes de l'abaissement dans lequel la France est tombée. Nous
rendons responsable et nous rejetons sur une
de nos classes dirigeantes : la bourgeoisie, les
malheurs dont nous supportons à cette heure
les douloureuses étreintes. Nous nous adres-
sons, pour les combattre, à un parti puissant,
sinon par le nombre, au moins par l'influence
morale qu'il doit encore posséder, même lorsque la force lui fait entièrement défaut. Pour
atteindre à ce résultat, nous indiquons au parti
légitimiste l'application de nouveaux principes
sociaux qui, par leur hardiesse, trouveront certainement de nombreux contradicteurs ; mais
ces principes se justifient d'eux-mêmes en présence des dangers de l'avenir et de la redoutable
incertitude du lendemain. Et quelle que soit
l'énergie du moyen que nous proposons, ne
sommes-nous pas excusable de l'indiquer, lors-

que, dans notre conviction, il est, du moins nous le croyons, un véritable moyen de salut?

Si, par incapacité politique, la bourgeoisie, en France, ne comprend pas le péril qui la menace ; si, après avoir détruit, renversé les bases principales de notre organisation sociale, cette classe, par l'effet de ses divisions intestines, est elle-même impuissante pour effectuer toute reconstitution et maintenir un semblant d'ordre dans l'Etat, n'est-ce pas à une classe supérieure en intelligence de posséder une volonté suffisante pour, tout en sauvant la bourgeoisie de ses fautes, sauver également la France? Et la bourgeoisie, menacée à ce jour par les attaques du prolétariat, affaiblie par ses révolutions permanentes, ne doit-elle pas enfin, éclairée par une funeste expérience, craindre qu'à son tour les classes inférieures ne viennent lui jeter cette terrible réponse que, dans sa vanité ridiculement satisfaite et triomphante, la bourgeoisie adressait aux rois qu'elle avait détrônés : Il est trop tard !

Quand, « pour perdre les peuples, a dit Bossuet, Dieu les frappe d'aveuglement, » ne faut-il pas comprendre par ces paroles que c'est au

moment où les peuples eux-mêmes perdent les
notions du Droit, de l'Equité et de la Justice? Lorsque enfin l'intelligence et le cœur viennent à leur
faire complétement défaut, c'est le signe mani-
feste qu'ils ont abandonné l'observation du seul
principe qui, en ce monde, puisse être la sauvegarde de toutes les institutions humaines : le
principe religieux.

N'est-ce pas encore une étrange et regrettable
aberration de notre esprit lorsque, dans cet ordre d'idées, on ne veut pas également comprendre que le catholicisme est, comme religion, la
plus haute expression de la morale chrétienne,
et qu'il est doué d'une telle supériorité que les
plus tyranniques pouvoirs n'ont jamais été capables d'en détruire la salutaire influence?

Le catholicisme, on peut l'affirmer hautement,
s'éteindrait aujourd'hui, que demain il faudrait
le rétablir; car s'il était possible d'admettre, fût-
ce pour un instant, qu'il cessât d'exister, c'est
alors que l'on verrait immédiatement s'élever
une nouvelle opposition contre les despotismes
existants.

Cette opposition remplacerait dans un autre
sens d'action celle des hommes qui, de nos
jours, poursuivent la religion catholique de

leurs attaques. Mais ce qu'il y aurait de plus re-
marquable, de plus inouï, c'est que, pour agir,
elle serait elle-même dans l'impérieuse obligation d'emprunter aux préceptes de notre morale
religieuse les forces nécessaires pour protéger et
régénérer le monde, si ce dernier n'était plus
soumis qu'aux seuls cultes du matérialisme, de
la violence et de l'erreur.

Quelles déplorables anomalies dans l'existence des nations! C'est à l'époque où le catholicisme possède à sa tête un homme doué de
toutes les vertus, où le clergé, en France, représente la plus grande unité morale qu'il soit possible d'obtenir par l'honnêteté, le zèle, le dévouement, la piété, que la nation n'en est que plus
indifférente, sceptique et irréligieuse! Ah! certes,
n'accusons pas le catholicisme de notre dégénération, et soyons persuadés que, si la France est
en décadence, ce n'est pas parce qu'elle est catholique, mais bien parce qu'elle a cessé de l'ê-
tre. Mieux encore vaudrait-il pour un peuple
qu'il possédât un dogme moins divin que le nôtre, car si, plus religieux que nous ne le sommes,
il sait, dans son cœur et dans son esprit, en observer la loi, il n'en obtiendra pas moins la supériorité. N'est-ce pas ce qui existe quand on

compare notre nation à celles qui, plus fidèles
observatrices des lois morales, sont cependant
soumises au dogme du protestantisme, et quand,
par un affligeant contraste, on voit que chez
nous l'indifférence et l'incrédulité sont les
moindres de nos actes contre la religion? heureux encore quand ils ne vont pas envers elle
jusqu'au mépris, à l'insulte et au crime!

Lorsque, en France, l'hérésie succombait dans
ses luttes contre le catholicisme, la foi de nos
pères ne faisait que préparer la puissance et la
grandeur de la nation pendant la durée du dix-
septième siècle. Mais déjà, à la fin de cette époque, on voit les attaques du philosophisme venir, en haine de la royauté, seconder les erreurs
ambitieuses du jansénisme; elles frappent la religion, elles diffament ses représentants; la foi
s'affaiblit; l'immoralité et le luxe s'introduisent
dans les mœurs, la nation dégénère; et la France,
qui jusqu'alors, forte de sa fidélité religieuse et
politique, avait supporté pendant dix siècles les
vicissitudes inhérentes à toutes les institutions
dirigées par les passions humaines, succombe
sous les coups multiples de l'envie sociale, de
l'indifférence religieuse et des commotions révolutionnaires; elle n'est plus à ce jour qu'un

assemblage *monstrueux* d'opinions, d'idées et de systèmes dans lesquels tout est confusion, sottise et folie ! Tel est le funeste résultat des attaques dirigées contre le catholicisme, contre une religion qui, si elle était renversée, ne laisserait au monde, pour se relever de ses ruines, que la nécessité de la rétablir.

Et pourtant, si le malheur voulait qu'il pût en être ainsi, comment alors justifier cette aveugle colère, ce déchaînement d'outrages, ce commencement de persécutions contre l'Eglise catholique et la papauté ? Pourquoi les combattre avec autant d'acharnement qu'on voit le faire aujourd'hui à deux puissances d'opinions extrêmes et qui, certes, peu faites pour s'entendre, viennent néanmoins étonner le monde par l'implacable accord de leurs haines : en Prusse, l'autorité impériale — en France, la Révolution ? Et comment les continuateurs de ces schismes religieux, lesquels, en Allemagne, ont été enfantés par l'ambition de quelques souverains spoliateurs de l'Eglise bien plus encore que par une foi sincère dans les doctrines du luthéranisme, ne craignent-ils pas que les confessions de l'empire ne soient menacées par des nouveaux schismes ? Ne doivent-ils pas appréhender sérieusement que le funeste exemple donné par eux n'ouvre la marche à l'esprit d'examen chez de nouveaux libres penseurs? Combien enfin n'ont-ils pas à redouter que, l'intelligence humaine arrivant par la discussion au terme inévitable de la confusion, il ne soit fait aucune différence, comme suprématie, entre les dogmes actuels du protestantisme et les nouvelles doctrines préconisées par l'orgueil, la haine, l'ambition, le matérialisme, c'est-à-dire la Révolution, le chaos!

C'est dans cette situation que le protestantisme regretterait amèrement ses erreurs et qu'il reconnaîtrait, malheureusement trop tard, la vérité des paroles de l'un des plus puissants esprits qui ait écrit sur ce sujet (1), que, « sans le souverain pontife, il n'y a point de véritable christianisme, et que nul honnête homme chrétien, séparé de lui, ne signera sur son honneur — s'il a quelque science — une profession de foi volontairement circonscrite. » Enfin, des considérations de cette nature nous prouvent que la liberté de conscience, cette prétendue supériorité de l'esprit humain dans l'ordre moral, n'est plus elle-même que le fatal précurseur de ce

(1) Joseph de Maistre, *Du Pape.*

que nous appelons à notre époque *la liberté d'appréciation politique*, en un mot la diffusion dans les idées relatives à l'ordre d'unité gouvernementale qui doit régir les peuples s'ils ne veulent perdre la force, base essentielle de leur nationalité.

Cependant, le protestantisme, toujours habile à se servir comme égide du nom de Christ — lorsque, honteusement, il renie son Représentant — n'est pas tellement aveugle qu'il ne puisse être persuadé que, même séparé du catholicisme, c'est encore la papauté qui pour lui est le plus ferme des soutiens, et que, du jour où la papauté disparaîtrait, le protestantisme ne peut que se désagréger et s'éteindre sous les attaques des sectes rivales. Il n'est aucun droit divin, aucune autorité morale qui le puissent autoriser à conserver les tables de la loi, même quand, après les avoir violées, il parviendrait à les arracher des mains de Celui auquel elles ont été confiées ; et ce n'est pas, du moins espérons-le, le dogme d'une hérésie fondée par l'orgueil de Luther, d'un moine ivrogne et sensuel aux gages de quelques ambitieux couronnés, qui jamais détruira la grande unité du catholicisme.

Lorsque, en présence d'une des causes dissolvantes que nous avons décrites, il survient un affaiblissement dans l'observation des principes religieux d'un peuple, il amène toujours, c'est inévitable, son abaissement politique et sa décadence sociale; en un mot, il provoque l'anéantissement des forces et des vertus civiques capables de lui conserver sa place dans la famille des nations.

C'est alors que son absorption par un autre peuple, possesseur des vertus qui lui manquent, devient légitime. Fatalité! abus de la force! nous dira-t-on; c'est possible, mais fatalité et abus dont un peuple dégénéré est seul coupable. Le vainqueur ne fait qu'obéir à la loi naturelle du droit que lui constitue la puissance, lorsque cette puissance est tout à la fois intellectuelle, morale et matérielle. Il ne faut pas se faire d'illusions ridicules ou sentimentales, il faut malheureusement reconnaître qu'en ce monde la force est un droit, et qu'elle prime tous les droits qui pour eux n'ont pas la force.

La puissance spirituelle et l'indépendance temporelle du chef du catholicisme étaient seules capables d'atténuer les abus dus à l'injustice ou à la violence. En détruisant la religion,

en renversant la papauté, les peuples d'eux-
mêmes se livrent et se condamnent sans appel
au joug du despotisme. Combien, dans un pareil
acte, les peuples se montrent peu reconnais-
sants ! car l'histoire nous enseigne que, maintes
fois, les successeurs de saint Pierre ont été frap-
pés injustement lorsqu'à la force ils opposaient
les idées de morale et de justice pour combattre
l'injustice et l'immoralité des souverains, et
quand, tout en rendant à César ce qui lui ap-
partient, ils prenaient la défense des peuples
pour faire rendre à Dieu ce qui était à Dieu.
Par leur séparation violente d'avec l'Eglise, l'An-
gleterre sous Henri VIII et les schismes provoqués en Allemagne au seizième siècle par l'ambition des princes n'ont pas eu d'autre cause
pour effet : affranchir la force de tout contrôle
moral. On voit donc que l'équitable interven-
tion religieuse de l'Eglise, obéissant à sa conscience, provoquait un affaiblissement contraire
aux intérêts du catholicisme, lorsque la papauté
ne voulait pas admettre que la force vînt impunément primer les droits moraux des sociétés
chrétiennes ou les droits politiques des peuples.
Enfin, s'il fallait une preuve plus décisive pour
compléter ces aperçus relatifs au Droit incon-

testable de la Force, nous ferions observer que, dans la législation moderne des Etats soumis au régime constitutionnel, la majorité du nombre étant admise par nos assemblées comme suprématie et dernier terme de la raison, elle constitue également la force, qui, souvent à tort, vient primer le droit des minorités.

La famille, ainsi que les Etats, dont ces derniers ne sont que la représentation multiple, possède, il faut se le persuader, des lois morales que l'on ne peut violer impunément. La famille, en France, déjà si fortement frappée dans l'autorité paternelle par les attaques contre la religion, les scandaleux écrits d'une ignoble littérature et la loi du Testament — cette double cause de la paresse des enfants dans les classes bourgeoises et des restrictions égoïstes apportées à l'accroissement de la famille — ne justifie que trop l'opinion que nous venons d'émettre. Par sa position amoindrie dans l'Etat, elle est un déplorable exemple de l'abaissement moral et intellectuel d'un pays dans lequel, nous le répétons, la famille n'est elle-même que l'une des nombreuses divisibilités nécessaires pour créer la force.

De la dégénération religieuse et de l'abaissement de la famille, on peut conclure que la pente sur laquelle nous glissons doit rapidement conduire la France à l'abîme. Que peut devenir un peuple qui, depuis plus de cent ans, a banni de chez lui, de son cœur, de son esprit, la suprématie religieuse que par ses vertus il avait obtenue ; dont la haine imbécile, dirigée contre le clergé, vient de se donner carrière dans de récents massacres, quand, il y a vingt ans, dans une précédente révolution sociale, ce même peuple, livré à lui-même, respectait encore le clergé ; un peuple qui, aujourd'hui, pose en principe de droit public la liberté absolue de conscience, c'est-à-dire le scepticisme le plus déterminé ; qui, par l'organe de tous les différents ministères qui se sont succédé, a mis Dieu et la religion hors la loi ; qui salarie tous les cultes existant sur son territoire en attendant qu'ils s'éteignent ; un peuple où l'on ne jure plus que sur l'honneur et la conscience lorsque la conscience et l'honneur ne reposent sur aucune loi religieuse ou morale ; un peuple enfin, où l'enseignement, la justice, le pouvoir, tout est à l'athéisme ?

C'est la ruine politique, c'est la ruine morale, c'est la ruine intellectuelle! et l'esprit de ce peuple, dans toutes les classes qui le composent, n'est-il pas complétement au niveau de ses institutions?

Lorsqu'une nation atteint à l'apogée de semblables aberrations religieuses et sociales, c'est à ce moment qu'elle tombe dans la redoutable confusion d'actes inconscients, ineptes ou coupables provoqués par la diffusion des idées. Et le résultat n'est-il pas fait pour désespérer de l'avenir quand on voit la France, livrée à tous ces gouvernements d'usurpation, d'aventuriers politiques, de bourgeois incapables et sans croyances, d'industriels sans éducation et sans notions gouvernementales, de journalistes et d'avocats sans science ni conscience, tous sortant au hasard des urnes du scrutin; d'un scrutin subissant sans délimitations et sans règles la loi générale du chaos, surpris lui-même de ses erreurs et se demandant si ce sont là vraiment les hommes qui osèrent briguer ses suffrages lorsque l'expérience est venue démontrer leur complète nullité? Et pourtant n'entendons-nous pas la bourgeoisie répéter depuis quatre-vingts ans, sur tous les tons de sa gamme révolutionnaire: que nous sommes la nation civilisatrice par ex-

cellence ; que nous avons détruit les entraves
qui s'opposaient à notre développement intellectuel, à l'affranchissement de nos libertés ; que
tous nous sommes aptes à toutes les fonctions
—moyen infaillible de n'en remplir convenable-
ment aucune ; — que nos talents en tous genres
sont incontestables ; que toutes les supériorités
nous sont acquises ; que l'Europe nous envie?...
Ah! véritablement, en présence d'une pareille
infatuation, n'est-ce pas une honte quand on
voit les résultats auxquels nous sommes parvenus? Et quand on songe que tous ces hommes
de la bourgeoisie, possesseurs du pouvoir, exi-
gent pour leur triste personnalité le respect
qu'ils ont toujours refusé aux hommes et aux
gouvernements détruits par eux; ne serait-ce
pas à rire de pitié, si le rire était possible au
milieu de pareilles douleurs? Du respect pour
vous, dont les oppositions systématiques sont
venues précipiter la France dans le gouffre de
hontes où elle se débat! du respect pour vous,
qui, toujours envieux, avides de la possession du
pouvoir, ne parvenez à l'atteindre aux époques
d'accalmie que par le jeu de l'intrigue et du
hasard; qui, pour l'obtenir par la violence, vous
appuyez sur cette impuissante et dérisoire sou-

veraineté du peuple créée par votre ambition;
et qui, traîtreusement encore, provoquez, à
l'exemple de l'ancienne Rome, les sanglantes
révolutions au milieu desquelles se meurt votre
patrie! du respect pour vous, quand le citoyen,
l'homme d'honneur, ne peut plus considérer sa
nationalité que comme un opprobre! Ah! ce serait le comble de l'impudence si vos actes, depuis
longtemps, ne nous avaient appris que la vanité
outrecuidante de votre esprit ne sait douter de
rien ! Qui nous eût dit qu'un jour la France de
Sully, de Richelieu, de Colbert, tomberait pan-
telante, meurtrie, déshonorée aux mains de ces
hommes sans nom, politiques de l'égout, habitués des repaires du vice, oracles avinés des tri-
pots! Hélas! la patrie n'existe plus que dans le
souvenir de ceux qui croient encore aux maximes
surannées de l'honneur, du devoir et de la vertu.
Pauvres maximes à cette heure, et combien vous
êtes éloignées du *véritable progrès*, nous diront
encore les précédentes honorabilités, qui de
nous osent exiger le respect!

C'est, on le voit, en présence de la dégénération religieuse, politique et morale de notre nation, que l'on est en droit de se demander si la
bourgeoisie doit conserver constamment la pré-

pondérance qu'elle a usurpée, et si, laissant le
pouvoir en de telles mains, ce n'est pas consacrer à tout jamais la ruine de la France. Que
faut-il espérer d'une classe de citoyens lorsque,
par orgueil, elle ne veut plus reconnaître aucune
suprématie, n'acceptant pas plus d'être catholique sous l'autorité spirituelle d'un pape que
d'être monarchique sous la direction politique
d'un roi, ne reconnaissant enfin que la prétendue souveraineté du peuple, celle qui laisse le
pouvoir libre et accessible à toutes les usurpa-
tions ambitieuses sanctionnées par les hasards
du suffrage universel, de la réclame ou de l'intrigue? Que la bourgeoisie, à l'origine de nos
révolutions, soit venue modifier nos institutions
civiles dans ce qu'elles pouvaient avoir de défec-
tueux, rien de plus juste ; mais venir toucher au
principe de l'ordre, personnifié dans le chef du
pouvoir, c'était provoquer la mort politique et
sociale de la nation. En dehors de ces principes
de gouvernement, il n'y a plus que désordre et
anarchie. Le monde moral, ainsi que le monde
physique, possède ses lois; les enfreindre, les
détruire, ne constitue plus que le chaos ; et lorsqu'un peuple arrive à ce degré de confusion et de
diffusion des partis, il est bien près de sa ruine.

Il faut donc, pour modifier une pareille situation, que le principe de la monarchie héréditaire
soit placé complétement en dehors du suffrage
universel, et, pour justifier cette appréciation,
nous émettrons les raisons qui suivent :

Le suffrage universel est une force, une volonté, une intelligence; mais, par le fait de son
essence, mobile, variable d'appréciation suivant
les âges, les époques, les besoins et les événements, on ne peut admettre qu'il puisse, lui,
principe organisateur de l'ordre civil, changer,
renverser le pouvoir souverain, la garantie première de force et d'existence dans l'ordre politique. Ce serait attenter au principe même de la
vie sociale. Ainsi, par le fait de sa variabilité, le
suffrage universel démontre son infériorité pratique pour assurer la sécurité dans l'Etat, lorsque
le pouvoir monarchique en est éliminé.

En détruisant la monarchie de tradition,
sauvegarde de tous les intérêts, la bourgeoisie a
rompu l'équilibre social. Et lorsqu'elle s'aper-
çoit des dangers que lui font courir les classes
inférieures livrées à elles-mêmes, laissées depuis
quatre-vingts ans sans éducation civile et religieuse, c'est alors qu'elle a la naïveté de croire
que sa volonté sera suffisante pour fermer, à son

profit, l'*ère des révolutions*, et qu'aux seuls noms
de la liberté ou de l'ordre elle pourra faire ren-
trer les masses dans ce qu'elle considère, elle,
comme étant le devoir, quand, par elle encore, le
devoir a toujours été violé. Qui peut prévoir, à
l'heure actuelle, où s'arrêtera la chute d'une nation lorsqu'elle est précipitée dans une voie
aussi funeste? Est-ce le présage infaillible de sa
dissolution sociale? est-ce la mort qu'elle doit
trouver au milieu des fanges du chaos révolutionnaire où viendront s'engloutir les faibles
débris de ses principes religieux, derniers ves-
tiges de la foi, mais réduits à l'impuissance et
incapables de la sauver? N'est-ce pas enfin dans
de semblables conditions de déchéance qu'il faut
trouver un principe d'action capable de rompre
un tel état de honteuse décadence, qui, si nous
étions condamnés à le subir plus longtemps, nous
forcerait à désespérer du salut?

Si la France veut se relever de ses ruines et de
ses hontes, si elle possède encore l'énergie suffisante pour l'essayer, ce ne peut être qu'en re-
tournant à l'observation des principes religieux,
moraux et politiques, qu'elle a depuis un siècle
abandonnés. Qu'elle commence par reconnaître
et observer celui de la fidélité à son roi légitime,

les autres viendront ensuite; sinon la France est morte! et pour longtemps.

Combien de réflexions douloureuses quand on envisage froidement une pareille période d'anarchie! Combien ne doivent-elles pas excuser et justifier, au besoin, toutes les recherches de salut qu'un citoyen dévoué à sa patrie a le droit de faire en une circonstance aussi solennelle? Et combien encore, en songeant à la situation épouvantable dans laquelle se débat, râle et agonise notre malheureux pays, ne me suis-je pas surpris à déplorer les faibles et infructueux efforts des hommes honorables qui se dévouent pour soutenir et défendre la royauté légitime!

Comment! voici un parti, le seul en France qui, dans son ensemble, puisse présenter un symbole d'union; il a pour lui la haute influence du clergé, il possède la fortune, il réunit dans son sein tout ce qui peut encore exister à ce jour d'honorabilités politiques et morales chez un peuple, non pas seulement en décadence — mais en décomposition; ce parti a pour lui la justice et le droit, il est l'unique représentant des grands principes sur lesquels repose l'existence des nations, et l'on supposerait que, faute de réflexion

ou manque d'une judicieuse appréciation, il ne
sait pas reconnaître la véritable cause des constantes révolutions dont la France est frappée!
un parti qui, par ce fait même, ne peut combattre et détruire la redoutable influence due à
cette cause; un parti rejetant constamment sur
les masses, sur ce qu'on appelle la démocra-
tie révolutionnaire, un blâme général de répro-
bation, et qui, sans faire de distinction aucune,
les accusant à tort d'être la cause de nos malheurs, ne peut ou ne veut pas comprendre que si
la bourgeoisie seule est coupable, c'est elle seule
qu'il faut frapper !

Que l'on consulte l'histoire — non cette histoire
inventée par des écrivains menteurs qui, tous,
par intérêt, se font les flatteurs d'un peuple, sur-
excitent son infatuation présomptueuse et men-
dient ses applaudissements pour acquérir cette
popularité malsaine, favorable à l'ambition de
leur individualité — mais bien l'histoire prenant
ses arguments dans la stricte vérité, dans l'exposé
des faits historiques, honnêtes et vrais des événements, on y verra pour résumé : une bourgeoisie toujours plus ambitieuse qu'intelligente,
laquelle, par l'émission de ses doctrines révolutionnaires, fut aussi complétement aveugle pour

sauvegarder les grands intérêts du pays et l'avenir de la France, qu'elle fut avide pour se procurer la richesse et parvenir à l'usurpation du pouvoir. Dût-elle encore, comme elle le fait aujourd'hui, ne régner que sur des ruines ! Dévorée d'envie, jalouse des priviléges que possédaient les autres, elle n'a jamais permis néanmoins que l'on attaquât sérieusement ceux qu'elle possède dans l'ordre social, c'est-à-dire la domination exclusive et souvent tyrannique qu'elle exerce sur le travailleur, soumis par elle à une rémunération inconsciente et à l'absorption de la totalité des bénéfices produits par le travail.

Cette absorption est, il est vrai, sanctionnée par l'usage ; elle l'est encore par le monopole que l'on concède entièrement, mais à tort, au capital ; attendu que ce dernier est en possession, non-seulement du taux légal de l'intérêt, ce qui est de toute justice, nous le reconnaissons, mais, en outre, de la totalité des bénéfices, ce qui alors n'est plus équitable, du moins à nos yeux.

Si, maintenant, après avoir effleuré la question sociale, nous nous reportons à la question politique, viendra-t-on, pour justifier la bourgeoisie de ses nombreux et récents mécomptes

gouvernementaux, accuser le suffrage universel
d'être le seul auteur de nos ruines? Cette appréciation ne serait nullement exacte. Que l'on
veuille se rappeler les élections de novembre
1827, on pourra constater que 125 000 votants,
les seuls électeurs privilégiés de cette époque,
envoyèrent à la Chambre une représentation de
221 députés bourgeois, les démolisseurs de la
royauté légitime! Le suffrage universel, on le
voit, et ce seul acte le prouve, n'a jamais rien
accompli d'aussi funeste pour le malheur de la
France. Il ne faut donc pas rejeter sur la démo-
cratie, sur les classes inférieures, des fautes qui
en réalité ne sont dues qu'aux fatals exemples
donnés par une bourgeoisie dont le cœur est gan-
grené du vice de l'envie, ne comprenant que la
satisfaction de ses intérêts matériels, et dont l'esprit, faussé par une éducation soi-disant nationale et ridiculement vaniteuse, ne lui laisse plus
de l'intelligence que le nom.

Menacée aujourd'hui par les classes inférieures
qui, plus clairvoyantes, réclament à leur tour leur
admission dans un partage équitable des bénéfices produits par le travail, c'est alors que, pour
défendre ses priviléges et ses richesses, nous
voyons la bourgeoisie venir jeter au monde son

cri habituel d'angoisse et de ralliement : religion, propriété, famille! en osant invoquer le
respect des institutions qu'elle n'a pas su respecter autrefois. Ce n'est même pas, hélas! le cri
d'un honnête et tardif repentir, car il n'est dû
qu'au bas sentiment de la peur ; et, ne fût-ce que
par conscience, par pudeur, la bourgeoisie de-
vrait-elle au moins s'abstenir de le prononcer.
La religion! Mais que n'a-t-elle pas fait, que
n'a-t-elle pas écrit dans ses livres, dans ses journaux de haute et basse littérature, pour la ridi-
culiser, la déconsidérer, l'anéantir avant, pendant et après la révolution? La propriété! Quels
sont donc les respects et les protections qui par
elle ont été accordés pour l'inviolabilité des
biens du clergé, ceux de la noblesse et les dé-
pouilles des malheureux de toutes classes qui,
fidèles à leur Dieu, à leur roi et aux institutions
de leur pays, attiraient sur eux d'injustes persécutions? La famille! Demandez aux mânes san-
glants de la royauté et aux fils des nombreuses
victimes des haines et des crimes de la Révolution quels ont été pour leurs ancêtres les respects de la bourgeoisie?

Que la bourgeoisie ne vienne donc pas impu-
demment s'arroger une devise conservatrice,

lorsqu'elle ne peut être dans sa bouche que l'expression du mensonge ou celle d'une sanglante et amère ironie! Seule, elle est coupable; seule, elle est la cause de tous nos désastres; c'est elle qui, dans l'Etat, a tout détruit; c'est elle qui, en 1848, n'a même pas été capable de conjurer une révolution provoquée par son incurie, amenant avec elle la pitoyable débâcle de ce gouvernement d'usurpation que, de complicité avec un prince du sang royal, elle avait fondé. Des ruines, constamment des ruines! Et la preuve la plus évidente de sa culpabilité ne se trouve-t-elle pas dans les considérations que nous allons émettre : Sont-ce des ouvriers qui écrivent contre Dieu et la religion? Sont-ce des ouvriers qui dominaient à la Législative, à la Convention et frappaient la propriété de vols et de spoliations? Sont-ce des ouvriers qui décrétaient les meurtres et les assassinats ordonnés par un comité de prétendu salut public et sanctionnés par les jugements iniques d'un tribunal révolutionnaire? Evidemment non. Les massacres de septembre eux-mêmes, ne sont-ils pas le crime d'une assemblée de bourgeois assez lâches pour le supporter, et dont l'exécution fut le fait d'une centaine de gredins, l'impure écume d'une population, laquelle néanmoins était encore assez consciente à cette époque pour être affolée de terreur en présence d'une telle monstruosité? Sont-ce des ouvriers qui siégeaient à la Convention, dans cette assemblée dont pas un seul de ses membres n'osa élever la voix pour protester contre le crime le plus odieux, le plus infâme qui jamais ait été commis : le martyre d'un malheureux enfant expirant sous la trique d'une ignoble brute? Enfin, si nous rapprochons les événements et que du terrible nous passions à l'inepte : sont-ce des ouvriers qui venaient par leurs votes fonder cette monarchie d'aventure, la digne création de deux cents bourgeois en révolte, qui tous, ivres d'envie et de vanité, sans conscience ni honneur, sans intelligence ni patriotisme, faisaient succéder leurs mesquines et jalouses individualités à celles des hommes honorables du pouvoir légitime qu'ils renversaient?

Heureuses cent fois les classes ouvrières, de ne pas avoir participé à de tels crimes, à de pareilles ignominies, à de semblables lâchetés politiques! A ces heures-là du moins elles n'étaient pas entièrement perverties, mais quels funestes exemples elles recevaient pour l'avenir ! Ne sont-

ils pas faits, sinon pour justifier, au moins pour
atténuer l'insurrection des journées de juin et
les excès de la Commune? Pourquoi donc enfin
venir rejeter sur les ouvriers, sur le peuple,
l'entière responsabilité de ces fautes, de ces crimes, quand, en France, en voit constamment
les classes dirigeantes, les autorités sociales, être
les premières à ne plus vouloir observer le respect des lois; et cela depuis le premier prince
du sang se faisant le complice d'une révolution
émanant des plus notables, pour venir, avec le
temps, aboutir aux méprisables et derniers ambitieux qui, sortis des bas étages de la bourgeoisie, dirigeaient, hier encore, les incendies et les
meurtres de la Commune?

Si, comme nous l'indiquons et croyons le
prouver, la bourgeoisie seule est coupable, pourquoi le parti légitimiste soutiendrait-il, en la
soutenant, l'influence du parti orléaniste? Pourquoi ne comprendrait-il pas qu'il faut absolument que cette classe envieuse, ignorante et jalouse, soit combattue, annihilée, séparée des
masses, sur lesquelles elle ne cesse de s'appuyer
pour le renversement de toute autorité, de tout
ordre social? Quitte par elle, il est vrai, à
subir les revendications violentes des partis

les plus avancés, lorsqu'elle tient entre ses mains l'objet de ses éternelles convoitises : le pouvoir. C'est alors, placée dans cette situation — et notre histoire contemporaine n'en offre que trop d'exemples — que, possesseur du gouvernement, maîtresse de l'armée, aidée à tort par les hommes du parti légitimiste qui, à cet égard, trop crédules, supposent véritablement la société menacée, la bourgeoisie s'intitule orgueilleusement après la victoire : sauveur de l'ordre et de la société! quand, au contraire, c'est elle, toujours elle, à tous les degrés de sa hiérarchie sociale, nous le répétons, qui, par ses oppositions systématiques et ses révolutions constantes, nous a conduits à la ruine et à l'abîme, après avoir sans honte et sans pitié, il faut le dire, fait fusiller, mitrailler ses anciens complices de conspiration, ceux qui aveuglément l'ont élevée au pouvoir — ses électeurs, ses amis — les malheureux enfin dont elle exalte les passions politiques et les convoitises pour plus tard, son ambition satisfaite, venir lâchement les abandonner !

Quelles pénibles réflexions amène au cœur de l'homme, du citoyen, le rapide exposé de si terribles événements, et quelles conséquences ils

nous obligent à en tirer? N'est-ce pas en présence
d'une pareille anarchie sociale qu'il faut dou-
loureusement en conclure que : tout Etat dans
lequel la bourgeoisie, sous les prétextes de ga-
ranties constitutionnelles ou de parlementarisme, parviendra à la complète usurpation du
pouvoir, est un Etat perdu ? Et la France aujour-
d'hui, pour notre malheur, n'en donne-t-elle pas
au monde le spectacle le plus honteusement déplorable, s'il n'était, en réalité, le plus effrayant?

Que peut-on, en définitive, espérer, obtenir ou
demander d'intelligence et de capacité gouvernementale à des hommes sans aucune éducation
politique, n'ayant le plus souvent pour unique
loi que celle adoptée à ce jour : l'*habileté* en affaires, fût-elle acquise aux dépens de la conscience; dont les seuls mobiles ne furent jamais
que ceux de la satisfaction de leur ambition per-
sonnelle et l'âpre désir de posséder la richesse
en manipulant leurs intérêts de boutique ; à des
hommes enfin ne sachant pas seulement comprendre que la puissance des Etats ne se peut
fonder que par une sage conduite politique dont
l'action doit être soutenue et maintenue avec
une persévérance indéfinie? N'est-ce pas à l'absence de cette sagesse, n'est-ce pas au manque

 E LA CAUSE

complet de stabilité dans la direction du pouvoir — et notre parlementarisme bourgeois n'en
sera jamais que la ridicule et fatale antithèse —
que nous devons tous nos malheurs?

Dans la situation d'anarchie qui nous accable,
et quelle que soit la capacité réelle ou relative
des hommes appelés par le hasard à l'exercice
du pouvoir, on doit péniblement en conclure
qu'il en sera toujours ainsi, et cela au milieu
des caprices ou des aveuglements produits par
le choc des nombreuses ambitions éveillées par
nos luttes parlementaires; en un mot, aux con-
tradictions et aux impossibilités dues à un mode
de gouvernement où « les difficultés inhérentes
aux grandes assemblées, la solennité de la tri-
bune, les inconvénients de la publicité gênent et
compriment sans cesse la vraie liberté de la pensée (1). » Les paroles que nous citons sont un
aveu de l'historien du Consulat et de l'Empire,
de l'homme le plus apte à juger un pareil système, lequel, néanmoins, lui a procuré la prépondérance qu'il exerce aujourd'hui. C'est en
raison même d'un jugement formulé par une telle
autorité et des considérations précédemment

(1) M. A. Thiers, *le Consulat et l'Empire.*

émises, qu'il nous sera permis de reconnaître les
défectuosités d'un semblable système gouvernemental qui, placé sous le patronage de tous ces
hommes d'opposition, aujourd'hui sectateurs de
la république, il est vrai, mais dont les antécédents trop révolutionnaires et les aspirations
actuelles de domination sans contrôle ne per-
mettraient guère d'accepter, sans défiance, l'éta-
blissement d'un nouveau pouvoir qui laisserait
le pays livré à tous les hasards de l'instabilité.

Que l'on se rappelle le passé : n'est-il pas un
redoutable sujet d'inquiétude pour l'avenir, si
l'on considère que tous ces hommes de notre
époque, ceux que la bourgeoisie proclame les
plus éminents en intelligence, ont toujours été
des chefs d'opposition sous tous les gouvernements; et quand, malheureusement encore, possédant le pouvoir, ils n'étaient pas un danger
pour leur pays lorsque ce dernier était soumis
aux volontés de leurs décisions ministérielles;
des hommes dont la parole subtilement élo-
quente éblouissait le vulgaire par une loquacité
habile, souvent dangereuse, et qui, dans les
annales du bavardage parlementaire, sera pour
l'histoire l'expression la plus complète du chaos
intellectuel dû à ce mode de gouvernement; des

hommes enfin dont l'ambition, se révélant par
le constant oubli de leurs engagements, pourrait
nous faire supposer que, dénués d'abnégation
et de désintéressement, le scepticisme de leur
esprit ne peut atteindre aux conceptions élevées
de la grandeur morale, les seules capables de
leur indiquer leur devoir pour assurer le salut
de la patrie? Quel triste résultat pour la gloire
future de ces hommes, les maîtres de la destinée
du pays, si, possédant, ainsi que le prétend notre
suffrage universel, les aptitudes de l'intelligence
politique, le cœur et la raison leur faisaient
absolument défaut pour ne pas juger avec exactitude la véritable situation de la France!

Les malheurs d'un peuple ne sont que trop
justement mérités quand, après avoir parcouru
la phase entière des révolutions, subi les désastres de l'invasion et les affronts de la défaite,
supporté l'ignominie du démembrement, il ne
sait pas revenir de ses erreurs. Mais que peut-on
demander également à ce peuple quand il n'a
même plus l'intelligence de comprendre à quel
infime degré d'abjection il est tombé; quand
encore, précipité de chute en chute par les différents pouvoirs d'aventure qui se sont succédé,
ce peuple ne voit pas plus l'abîme où ils l'ont

conduit, qu'il n'est capable d'en ressentir la honte? Et tous ces pouvoirs de rencontre s'intitulassent-ils vaniteusement : Gouvernement constitutionnel ou Empire, et niaisement : République en essai ou conservatrice, n'offriront-ils pas toujours la même tragi-comédie dirigée par une bourgeoisie parlementaire tout à la fois inconsciente, avide, incapable, et la seule cause des révolutions en France?

En présence de cette situation politique rapidement analysée, c'est maintenant au parti légitimiste de décider s'il ne faut pas employer un moyen social — quelque énergique qu'il puisse être — pour détruire la prépondérance que la bourgeoisie s'est acquise, pour ramener à la religion, pour rallier au prince légitime les masses populaires égarées et perverties par les tristes exemples du passé et ceux du présent, plus regrettables encore, s'il est possible.

Pour obtenir ce résultat, il faut alors, de toute nécessité, commencer par affaiblir la dangereuse influence de cette classe qui déjà, sous le cardinal de Richelieu, manifestait ses premières exigences, « son esprit de vanité lui faisant croire à l'efficacité de ses aptitudes pour remplir toutes places, » et, pour le faire, il faut d'abord la frapper dans ce qui constitue la base de sa puissance, le germe de sa fortune, c'est-à-dire qu'elle n'absorbe plus, à elle seule, la totalité des richesses produites par le travail de l'ouvrier.

Le moment est favorable pour jeter les bases de cette importante question du problème social ; mais il faut surtout savoir en profiter pour appliquer le résultat de l'antagonisme des intérêts au profit de la seule cause capable de sauver la France : le principe de la royauté monarchique légitime.

Toutefois, que l'on veuille nous permettre d'exprimer une appréciation dont l'utilité, comme effet, paraîtra suffisamment démontrée.

Le parti légitimiste devrait être persuadé que les masses subiront toujours l'ascendant des hommes véritablement supérieurs, des hommes dont les seuls principes réposent sur l'honneur et l'autorité morale, quand néanmoins ces sentiments se trouveront être en la possession de personnes désintéressées et placées en dehors de la lutte des intérêts matériels, intérêts si constamment préconisés sous tous les gouvernements qui, depuis notre première révolution, ont été représentés par la bourgeoisie.

L'immense tort de la noblesse—de ce qui constitue la classe à laquelle appartiennent les anciens noms du pays—est, à notre époque d'industrialisme, de trop se confondre dans les rangs de la bourgeoisie, de se mêler sans cesse à la lutte des intérêts, de participer à ces nombreuses créations d'affaires, industrielles et autres, dans lesquelles domine l'ardent désir de se procurer la richesse à tout prix quand, par sa position de fortune territoriale, elle pouvait souvent s'en exempter; en un mot, de s'être faite productrice, marchande, conseil d'administration, et, par ces causes, d'avoir pesé sur l'ouvrier, qui alors, aujourd'hui, ne fait plus aucune distinction entre la noblesse et la bourgeoisie.

Il faut donc—et nul pouvoir ne pourra jamais exister qu'à cette condition—regagner les sympathies des masses, de ces masses placées en ce moment sous le drapeau d'une opposition bourgeoise devenant chaque jour de plus en plus radicale, cherchant, ainsi que d'habitude, à renverser son aînée, et dont le mot actuel de ralliement est : *République*, comme il était autrefois : *Droits de l'homme, libéralisme, charte, réforme, libertés nécessaires*, toujours un mot, variant d'expression suivant les temps et les circonstances, mais ne représentant jamais qu'une même idée : opposition, destruction et ruines! C'est alors que, pour détruire la prépondérance de la bourgeoisie, pour se rendre sympathique aux classes inférieures, pour dissiper les injustes préventions qui le frappent, le parti légitimiste doit se faire plus révolutionnaire que ne l'ont été, depuis quarante ans, les Dupin, les Guizot, les Thiers, les Odilon Barrot, les Billault, les Baroche, les Rouher, les Ollivier, les Jules Favre, les Gambetta et ceux à venir, qui tous, sur les degrés de l'échelle populaire, aidés du mensonge, de l'émeute et de l'insurrection, escaladent le pouvoir avec l'appui des masses. Ces hommes, il est vrai, ne s'y maintiennent chacun un certain temps qu'avec le secours des honnêtes gens, qui, à leur tour, par nécessité, erreur ou faiblesse, se font les conservateurs quand même de tous ces avocats, politiques impuissants issus des rangs de la bourgeoisie, les seuls auteurs de nos ruines et de nos hontes.

Enfin, pour effectuer cette transformation dans les idées des classes inférieures, pour essayer de les rapprocher de la monarchie légitime, si malheureusement impopulaire à leurs yeux,

il est un moyen que nous nous permettrons d'indiquer. Nous le soumettons à la haute appréciation de qui de droit. Ce moyen, nous le résume-
rons ainsi :

Que le parti légitimiste, avec l'aide du clergé,
embrasse résolûment les intérêts des classes ouvrières, les seules douées d'énergie, les seules
capables d'offrir un réel appui ; qu'il se fasse
le défenseur de l'ouvrier ; qu'il proclame et qu'il
admette l'équité du principe de l'association
entre le travail et le capital ; qu'il demande pour
le prolétariat une association rendue obligatoire, c'est-à-dire que l'on crée une répartition
plus équitable de la richesse obtenue par le travail ; enfin, que le parti légitimiste se fasse, si
l'on peut s'exprimer ainsi, plus socialiste que ne
l'est à cette heure Gambetta, lequel, derniè-
rement encore, au banquet de Hoche, à Versailles,
modérait l'intensité de sa note révolutionnaire
pour ne demander, en style dantonesque, il est
vrai, que *du travail, encore du travail, toujours
du travail!* se persuadant, ou plutôt voulant le
persuader, que cette formule suffisait pour ré-
soudre le problème social. Naïveté bien grande
de la part d'un homme satisfait, ou qui, dans
son impatience ambitieuse, croyant bientôt

l'être, se fait hypocritement conservateur pour se rapprocher d'une bourgeoisie que les antécédents de cet homme pouvaient, avec juste raison, quelque peu effrayer. Mais l'on conviendra — et les ouvriers seront de cet avis — que si la nouvelle formule inventée par l'avocat bourgeois Gambetta devait être le dernier mot d'un tel problème, ce serait un triste résultat, un ridicule avortement que d'avoir, depuis quatre-vingts ans, commis autant de fautes, accompli autant de crimes, créé autant de ruines, supporté autant de hontes, pour en arriver niaisement à procurer à quelques nouveaux ambitieux la satisfaction de leur vanité gouvernementale se substituant, comme toujours, à celle d'autres ambitieux renversés par le courant fangeux de nos périodiques et fatales révolutions.

Que le parti légitimiste agisse alors en sens contraire; le moment, nous le répétons, est favorable; en adoptant l'association du travail et du capital, ce sera le mode d'action le plus efficace pour diminuer l'influence de la bourgeoisie. Puis, comme conséquence immédiate, on frappe sur la prétention constante que s'est arrogée le parti républicain avancé, d'être seul possesseur du monopole de la défense des classes ouvrières. N'est-il pas certain que, du jour où l'extrême droite viendrait proclamer l'équité du principe de l'ASSOCIATION OBLIGATOIRE, la gauche et l'extrême gauche seraient dépassées, et que, en présence du programme de la droite, sur cette question nettement définie, le radicalisme, à son tour, serait obligé d'émettre le sien? Ce qui pour lui deviendrait une difficulté presque insurmontable, par le fait même de l'inimaginable confusion qui existe dans les idées politiques et économiques de ce parti.

On peut également prévoir que, du moment où les masses verraient le clergé appuyer ces idées, il se produirait parmi elles de nombreuses scissions dont la bourgeoisie orléaniste et la gauche républicaine supporteraient seules les conséquences politiques et économiques. Enfin, nous essayons de réaliser, en les mettant à exécution, des idées identiques aux nôtres et qui furent émises, il y a environ un an, par le digne et honorable évêque de Passaw, l'un des hommes les plus éminents de l'Allemagne catholique, le partisan déclaré de l'union de l'Eglise avec les masses.

Pourquoi, en définitive, le parti légitimiste n'accepterait-il pas comme arme de lutte politique le principe de l'association obligatoire du travail et du capital? La constante opposition de la bourgeoisie à un semblable projet ne prouve-t-elle pas déjà que l'on frapperait juste? ne serait-ce pas, pour le parti légitimiste, le moyen le plus sûr d'atténuer les préventions qui existent contre lui; de reconquérir une influence perdue; de reprendre un rôle de protection qu'il abandonne depuis trop longtemps à l'éternelle série des avocats de la gauche? N'est-ce pas, en résumé, le moyen le plus énergique pour diminuer la prépondérance de la classe bourgeoise, affaiblir la situation qu'elle occupe dans l'Etat, mettre un frein à ses continuels envahissements pour la possession du pouvoir, limiter ses ardents désirs de fortune, contribuer à la moraliser en créant dans cette classe une honnêteté qui, en général, on peut le dire, n'y existe plus; en un mot, assurer par son impuissance la stabilité de nos institutions gouvernementales constamment combattues par elle?

Si, dans un Etat, il est impossible de gouverner sans posséder l'appui et les sympathies des masses; si toute tyrannie deviendrait dangereuse en présence de l'obligation d'accepter des institutions en rapport avec l'esprit actuel, que l'on ne peut entièrement méconnaître; si l'on est contraint de mettre en œuvre des changements sociaux devenus nécessaires et auxquels le temps viendra donner leur complète efficacité; si enfin l'on est forcé de transiger avec cette pourriture morale causée par l'absence de sentiments religieux et qui, semblable à un chancre, nous ronge et nous dévore, ne faut-il pas alors, par un moyen politique — fût-ce celui d'une novation aussi hardie que celle dont nous proposons l'application — essayer de rallier au descendant de nos rois les affections des classes inférieures? Et, disons-le, ces classes, toujours abandonnées par ceux-là mêmes qui les avaient entraînées dans la révolte, laissées sans guides et sans religion, réduites à leurs seuls instincts, perverties par d'ignobles et scandaleux écrits, fatalement instruites par l'exemple des spoliations développant chez elles le vice de l'envie, ces classes, il faut cependant le reconnaître, sont encore moins coupables que les misérables qui, par leurs fautes et leurs crimes, les ont réduites à l'ignorance et à l'oubli des devoirs les plus sacrés : ne plus reconnaître un Dieu, ne plus admettre un roi!

Au risque de nous répéter, et pour conclure à

l'égard du moyen que nous indiquons, nous ferons remarquer que, en politique, on ne peut avoir la prétention d'être un parti doué d'une réelle puissance qu'à la condition expresse de posséder un appui parmi les masses. Sans la possession de cette force, sans l'union des chefs, sans une direction fortement constituée, il n'y aurait aucune espérance pour le prince de reconquérir le pouvoir monarchique; et l'on peut affirmer que si, par un hasard providentiel, il en était autrement, il ne faudrait pas se faire d'illusions sur la possibilité de conserver longtemps le pouvoir au milieu des haines et des attaques de tous les partis. Nos révolutions passées n'en donnent que trop l'irrécusable preuve. Enfin, il faut se persuader que, en négligeant l'application d'une idée capable de rallier au prince l'affection des classes inférieures, le parti légitimiste court le risque de laisser cette arme aux mains du parti bonapartiste, qui certes, et ses anciens agissements le prouvent, n'hésiterait pas à s'en servir.

C'est donc en prenant ostensiblement la défense des classes productives, c'est en montrant pour elles un intérêt sincère, véritable, se traduisant à leurs yeux en une association morale acceptée et proclamée par le clergé catholique, que le parti légitimiste regagnera son influence perdue. C'est alors qu'avec le temps il pourra affaiblir, réduire et remettre à la place qu'elle doit occuper dans l'Etat cette classe bourgeoise, toujours envieuse, jalouse, et dont l'incapacité politique sans égale est la seule, l'unique cause des malheurs de la France.

C'est là seulement que pour nous est le salut. Le salut de ce que nous appellerons encore à cette heure une agglomération d'hommes, mais qu'il nous est impossible d'oser appeler du nom honorable de nation; car, au milieu du chaos social, et malgré les illusions présomptueuses d'un trop grand nombre, nous cherchons vainement là où peut encore se trouver la patrie.

Nous croyons fermement qu'en ne saisissant pas avec à-propos, avec audace l'occasion de ramener à soi les masses, ce serait pour le parti légitimiste une faute immense, et que, semblable à celle commise par la coupable conduite de l'orléanisme au lendemain de la Commune, le temps ne permettrait plus peut-être le retour de circonstances aussi favorables.

Si l'ambition des orléanistes fut, suivant nous, la seule cause d'une impossibilité pour effectuer le rétablissement au trône du roi légitime; si, depuis ce jour, la situation est restée la même, les chefs de ce parti n'ayant fait aucune démarche ostensible pour se rapprocher du comte de Chambord, pourquoi conserver encore des ménagements à l'égard d'un parti dont la conduite est dénuée de patriotisme, de fidélité et d'honneur, et dont la prétention ridicule, lui, le continuateur de la révolution, serait de vouloir imposer au peuple des classes inférieures l'observation de lois que personne, pas même les princes, ne veut respecter en ce malheureux pays? Si la bourgeoisie est coupable, combien ses chefs ne le sont-ils pas davantage; et quels exemples donnent-ils eux-mêmes aux membres de leur propre famille si, par un malheur à jamais regrettable, Dieu rappelait à lui l'auguste descendant de nos rois?

Dans les circonstances exceptionnelles où nous sommes placés, il faut donc employer des moyens d'une audace extrême, en rapport avec l'intensité du mal qu'ils sont appelés à combattre. Et si le manque d'énergie du parti légitimiste ne sait pas les adapter à la défense d'une cause juste et sacrée, alors fermons les yeux, laissons achever notre dissolution sociale, elle ne précédera que de peu le dernier acte de notre effondrement politique. La France, déchirée par les révolutions, enserrée par l'Allemagne, l'Italie et l'Espagne, abandonnée de la Russie, qui seule pourrait la sauver, la France est perdue!

OBSERVATIONS COMPLÉMENTAIRES

Il existe encore de sérieuses considérations dont il nous eût été facile d'appliquer les arguments aux preuves de nos aperçus historiques, mais, par leur nature, elles modifiaient trop fortement la forme de cet écrit; en outre, elles pouvaient donner lieu à de fâcheuses interprétations, soit qu'elles eussent été malveillantes à l'encontre de nos idées, soit qu'elles eussent eu pour effet de mettre en suspicion l'impartialité que, dans nos jugements, nous nous sommes efforcé de leur conserver.

Nous avons donc réduit nos appréciations à ne considérer, exactement et froidement, que les principaux résultats des faits de notre histoire contemporaine, tout en leur donnant pour causes essentielles les raisons qui nous paraissaient les seules vraies, les seules déterminantes.

Lorsque, sortant de ce cadre, nous avons conseillé à un parti d'hommes honorables de prendre la défense des classes ouvrières, nous n'avons fait en cela que suivre la marche qui nous est indiquée depuis longtemps par les promoteurs du parti républicain, et nous ne pensons pas qu'en raison de l'exemple on ait le droit de nous en faire un reproche. Toutefois, à cet égard, nous ne terminerons pas ces pages sans aller au-devant d'une objection qui certainement nous sera présentée.

Il se peut qu'après avoir examiné attentivement les diverses appréciations exposées dans cet écrit, le lecteur nous accuse de contradiction. Peut-être trouvera-t-il étrange que nous demandions le rétablissement de la monarchie légitime, un principe taxé d'idées retardataires, lorsque nous lui donnons pour corollaire l'association du travail et du capital, considérée jusqu'à présent comme un des actes avancés du socialisme.

Le désaccord est plus apparent que réel et notre réponse est facile.

Pour nous, ainsi qu'on a été à même de le voir précédemment, la monarchie légitime représente avec elle, dans sa plus complète intégralité, l'observation des principes sur lesquels doivent s'appuyer les bases de toutes les institutions humaines : la religion, la propriété, la famille ; elle a surtout pour principal effet de mettre un obstacle aux compétitions du pouvoir, à quelque degré qu'elles puissent exister dans la hiérarchie sociale ; elle est la représentation la plus élevée de la famille d'un peuple, c'est à ce titre qu'elle est sacrée, et seule encore, à l'exemple de l'autorité du chef de la famille, elle constitue la force d'un Etat ; mais dans ces conditions parfaitement délimitées, la monarchie légitime héréditaire n'implique nullement un désaccord avec une proposition que nous considérons avec justice comme étant une simple modification apportée à l'état social.

Nous allons en donner la preuve.

Si notre demande de l'association du travail et du capital doit, à certains esprits, leur paraître vive et irritante au point de vue de leurs intérêts contrariés, elle n'attaque absolument en rien le principe de la propriété. Au contraire, elle le respecte, elle le sanctionne ; elle n'exige, en un mot, qu'une répartition plus exacte de la richesse générale acquise par le travail particulier de chacun.

L'association est donc tout à la fois équitable et conciliatrice ; mais elle est surtout moralisante, car il ne faut plus qu'à notre époque d'intense production les richesses dues au travail de l'ouvrier deviennent, non pas, ainsi que le disait Rousseau, « la proie des histrions et des joueurs de flûte, » mais bien qu'elles cessent d'être la propriété exclusive d'une classe au détriment d'une autre classe ; il faut enfin qu'elles ne servent plus à l'encouragement de la paresse, de la vanité, du luxe éhonté et de la débauche, traînant à leur solde toute la honteuse phalange des impures, recrutée parmi les femmes de la rue, du théâtre et, malheureusement encore, trop souvent du foyer.

L'association respecte le taux habituel et légal de l'intérêt ; elle ne réclame qu'une participation légitime, et qui lui est due, dans le partage des bénéfices réalisés ; elle n'apporte nul obstacle à la marche habituelle des relations et des exigences sociales ; elle ne crée aucun de ces systèmes qui retardent ou empêchent l'humanité de s'élever dans les sphères du travail, de la liberté et du progrès — mais du progrès matériel n'excluant pas, ainsi qu'on le voit de nos jours, le progrès moral — ce dernier garanti de toute atteinte par les institutions monarchiques et religieuses ; elle respecte également le libre arbitre de l'homme

et son indépendance, sans l'astreindre à une
immobilité toujours injuste, souvent funeste, si,
par malheur, on acceptait ces créations ou or-
ganisations systématiques du travail qui, sous
les noms de *Phalanstère*, de *Rétribution égali-
taire* ou de *Coutume* (1), ramèneraient l'homme
et la société à l'abrutissement; et cela en ne faisant plus du citoyen qu'un homme soumis indé-
finiment aux caprices d'un autre homme. Enfin,
l'association augmente l'émulation au travail'
le bien-être moral et matériel de l'ouvrier et la
richesse publique.

Pour conclure, nous dirons encore :

Avec la monarchie légitime, la France retrou-
vera l'esprit religieux, le progrès intellectuel et
moral, la foi politique, l'union, la force.

Avec l'association des intérêts entre le travail
et le capital, la France trouvera ce qui n'existe
pas à cette heure funeste : la justice dans une
répartition plus équitable des richesses produites; l'observation de devoirs imposés aux
classes dirigeantes pour l'amélioration intellectuelle et morale de l'ouvrier ; et surtout l'apai-

---

(1) *Les Systèmes sociaux*, de Fourier, de MM. Louis Blanc et
Le Play.

sement des passions révolutionnaires dont notre
malheureux pays supporte depuis trop longtemps
les terribles conséquences.

Lorsque, en spécifiant les causes de notre dégénération politique et sociale,. nous les avons
attribuées à l'inobservation des principes religieux, et que, plus particulièrement encore,
nous avons rendu les classes bourgeoises responsables de nos malheurs, il ne faudrait pas
supposer que nous puissions être assez injuste
ou aveugle pour ne pas savoir reconnaître qu'à
des temps antérieurs à notre première révolution, la noblesse également vint donner au
peuple de funestes exemples.

On ne peut, cela est certain, que déplorer
amèrement les fautes commises par une classe
de la société quand, en raison de sa position
dans l'Etat, elle doit par son éducation, ses
devoirs et ses vertus se montrer toujours la plus
digne représentation d'un peuple; et la noblesse,
nous devons l'avouer, n'est venue que trop souvent, par l'insubordination, l'incrédulité religieuse, l'immoralité et la trahison, apporter de
nombreux et détestables exemples pour amener
notre déchéance morale et politique.

Voilà pour l'ancienne noblesse ; quant à la nouvelle, son rôle est quelquefois encore plus triste, attendu que, aux fautes commises par ses prédécesseurs, elle n'a fait qu'ajouter les ridicules qui incombent à tous les parvenus. Et ces bourgeois d'hier, anoblis d'aujourd'hui par la faiblesse ou le malencontreux désir du souverain pour se créer des partisans, ne nous montrent-ils pas jusqu'où peut aller la vanité humaine, quand on voit de ces hauts barons du comptoir et de la boutique ne plus vouloir se contenter de leur nouveau blason et venir s'attribuer subrepticement jusqu'au nom patronymique des hommes illustres dont ils osent se dire les descendants ?

Nos souverains commirent une grande erreur sociale lorsqu'ils décernèrent avec prodigalité les titres nobiliaires. Du moment où le mérite n'est pas d'une transcendance incontestable, la profusion des titres ou des récompenses distinctives devient plus qu'une faute : elle est presque un crime, car elle compromet la sécurité de l'Etat en donnant naissance, dans les classes bourgeoises, à tous les bas sentiments de l'envie, justifiés souvent par l'incapacité des nouveaux élus.

Si nous voulons donner une preuve de la vérité de cette appréciation, nous n'avons qu'à citer les paroles d'un témoin intelligent de notre première révolution ; il va nous montrer quelle fut la véritable cause du déchaînement général qui se produisit à cette époque : « Ce ne sont, dit cet auteur, ni les impôts, ni les lettres de cachet, ni tous les autres abus de l'autorité ; ce ne sont point les vexations des intendants et les longueurs ruineuses de la justice qui ont le plus irrité la nation : c'est le *préjugé de la noblesse* pour lequel elle a manifesté le plus de haine ; ce qui prouve évidemment que ce sont les *bourgeois*, les *gens de lettres*, les *gens de finance*, et enfin tous ceux qui jalousaient la noblesse, qui ont soulevé contre elle le petit peuple dans les villes et les paysans dans les campagnes (1). »

Que faut-il alors penser de la conduite de cette bourgeoisie, avide de la particule et du ruban, dévorée d'envie, n'ayant pour unique ambition que de vouloir substituer son omnipotence à celle de la noblesse ? Et comment qualifier ces hommes revendiquant ou s'appropriant tous, à qui mieux mieux, les titres, la fortune et la

____

(1) Rivarol, *Philosophie politique.*

position politique de ceux qu'ils avaient combattus et renversés? L'ouvrier doit savoir aujourd'hui ce qu'il y a gagné, et si la prépondérance gouvernementale, mais surtout économique, de la masse bourgeoise n'est pas pour lui mille fois plus coûteuse que ne l'était autrefois celle d'une noblesse restreinte.

Ces fautes du souverain pour la création des titres ont donc, suivant notre opinion, fortement contribué à l'affaiblissement du pays et provoqué les désastres de la situation actuelle. Toutefois, ce qui pourrait atténuer nos regrets en présence de nos malheurs, s'ils n'étaient pas, hélas! d'une telle immensité, ce serait la satisfaction de ne rencontrer aucun nom honorable, parmi les descendants des hommes ayant concouru à la gloire passée de la nation, qui ait signé cette paix déshonorante. Si la France est conduite à l'abîme par des avocats, des journalistes, des boutiquiers et autres dérivants de cette coterie si nombreuse et surtout si prétentieuse des incapacités bourgeoises, eux seuls du moins en auront toute la responsabilité aux yeux de l'histoire.

Mais, en attendant cette justice trop tardive, nous sommes heureux de voir qu'à ce jour les chefs de ce parti, les anciens parlementaires orléanistes, subissent déjà la honte de leurs apostasies, quand, à Grenoble, l'apôtre du radicalisme, prêchant sa dernière homélie, vient dédaigneusement leur défendre de franchir les portes de la nouvelle Eglise qu'ils espéraient encore diriger.

Lorsque, dans cet ordre d'idées et de justice distributive, nous portons nos regards jusqu'au sommet du pouvoir, et qu'alors jugeant, non le principe de la royauté, mais les actes de l'homme dont la destinée était de le représenter, nous dirons que, malheureusement, au dix-huitième siècle, la régence et la monarchie ne firent que précipiter un mouvement fatal et provoquer la ruine de nos institutions. Néanmoins — et nous le demandons à tous les esprits élevés et capables d'apprécier le philosophisme des événements de l'histoire — est-ce un motif assez puissant pour rendre les principes et les institutions entièrement responsables des passions de notre pauvre humanité et des fautes qu'elle peut commettre ? Est-ce une raison suffisante, quand une société est frappée d'anémie, pour être dans l'obligation de faire table rase de tout ce qui existe, et que, pour la sauver, on soit contraint

de lui donner la mort? Ne faut-il pas, au contraire, conclure hardiment en faveur de la con-
servation de nos institutions religieuses et politiques, quand surtout elles ont été assez puissantes
pour résister aussi longtemps qu'elles l'ont fait
aux attaques dissolvantes ou brutales d'un peuple tel que le nôtre ; d'un peuple dont le caractère léger, fantasque, vaniteux et dont l'esprit
turbulent et envieux ne peut que prouver l'efficacité de ces institutions, lorsque, pendant dix
siècles et malgré tant de luttes, elles ont été capables de lui conserver une place honorable dans
la famille des Etats? Et comment juger ce peuple,
qui, hier, était frappé, souillé, meurtri par l'invasion, lorsqu'il ne peut encore aujourd'hui,
faute d'intelligence et de ridicule vanité, comprendre tout le mépris que, par son caractère et
ses fautes, il inspire aux autres nations? Comment, enfin, peut-il oublier que pas une voix
amie ne s'est fait entendre en Europe pour rappeler à quelque semblant de générosité la puissance qui, on pourrait le croire, n'était que l'exé-
cutrice de la vengeance des autres peuples, si
Dieu, dans sa justice éternelle, ne l'avait choisie
pour nous châtier?

Lorsque nous avons pris pour épigraphe de ce modeste travail l'opinion du plus grand politique qu'il ait été donné à la France de posséder, d'un homme sorti des rangs du clergé, nous avons voulu démontrer que, si les appréhensions d'un tel génie étaient fondées au sujet des envahissements ambitieux de la bourgeoisie et des résultats désastreux qu'ils devaient amener dans l'Etat, nous étions parfaitement autorisé, en présence des faits, à venir en rejeter toute la responsabilité sur cette classe de la société.

Que dirait cet homme s'il lui était donné d'assister à ce chaos social, à ce renversement de tout équilibre dans la nation ; où l'on voit toutes les positions disputées, non pas avec le sentiment que justifie l'émulation au travail et que sanctionne le mérite, mais avec la rage de l'envie, de la vanité et de la soif du gain ; où l'on voit toutes les ambitions déchaînées et pas un seul individu se croyant à la place qu'il doit occuper ; où l'on voit encore, sous les prétextes mensongers de l'égalité devant la loi, toutes les classes et les aptitudes confondues ; où nous verrons demain peut-être le directeur de l'échoppe s'asseoir dans les conseils de l'Etat à côté de l'administrateur du cabaret ? Voilà donc l'égalité en faveur

de l'intelligence telle que la délimite notre loi,
et telle encore que peut la produire un mode
d'élections sans principes et sans règles, où le
hasard, la passion, l'ignorance sont les seuls
juges du mérite et de la capacité. Ah! certes, il
faut convenir que le cardinal de Richelieu, pour
la grandeur et la dignité de la France, compre-
nait autrement l'égalité, lui qui frappait de pré-
férence le noble et le puissant quand ces derniers manquaient à leurs devoirs envers l'Etat
et le prince; et quand, par ces actes de justice,
ainsi que le fait judicieusement remarquer l'é-
minent et consciencieux auteur d'une œuvre
récente (1), « il proclamait l'égalité de toutes les
classes devant la loi » bien avant le temps où les
créateurs de notre libéralisme moderne, les tri-
buns de nos révolutions, ont songé à établir
cette égalité dont, suivant eux, nous possédons
actuellement les bienfaits ! Est-ce donc contribuer à l'élévation d'un peuple que d'annihiler
les supériorités placées au sommet pour les rapprocher d'une base plus démocratique? N'est-ce
pas la preuve que l'on ne fait qu'abaisser le niveau moral, intellectuel et social d'une nation,

____

(1) M. C. Gaillardin, *Histoire du règne de Louis XIV.*

et, pour en être certain, ne suffit-il pas de com-
parer notre situation présente à celle des autres
peuples, nos rivaux?

On nous répondra, comme toujours, que les
bienfaits dus à l'obtention de ce qu'on appelle
avec emphase *les immortels principes* de la révolution peuvent dans un Etat compenser beaucoup de défectuosités. Hélas! en est-il qui puissent offrir une compensation à l'abaissement de
la patrie? en est-il qui soient capables d'atténuer
ou de faire oublier tant de sang répandu, tant
deruines encore fumantes?

Mais, malheureusement, rien n'est moins vrai
en pratique que cette prétendue égalité admet-
tant, dit-on, et suivant leurs aptitudes, tous les
Français à remplir toutes les fonctions. Jamais,
en aucun temps, il n'a fallu une pareille somme
de protection pour arriver à posséder la plus
infime position; toutes les places se disputent,
s'arrachent et ne se donnent qu'à celui dont les
recommandations émanent des personnes les
plus influentes. Est-ce que cette immense quan-
tité de dynasties et de souverainetés bourgeoises,
qui toutes ont à caser leurs proches et les féaux
clients de leurs élections, ne dépasse pas le petit
nombre des nobles d'autrefois et celui de leurs

protégés? Est-ce que les anciens pouvoirs, lorsqu'ils rencontraient une capacité véritable, n'é-
taient pas désireux de se l'attacher? et, pour
n'en citer qu'une seule, la plus illustre, Colbert,
n'est-il pas un exemple de l'homme véritablement supérieur sortant de la condition précaire
où le sort l'avait fait naître? Il est vrai que chez
nous la vanité est si grande, que chacun se croit
taillé pour remplacer Colbert; et malheur au
pouvoir assez aveugle pour ne pas savoir apprécier la soi-disant capacité de tous ces prétendus
politiques dont le seul mérite consiste, à notre
époque, dans les tirades d'une phraséologie vide
d'idées, sceptique et prétentieuse, succédant aux
discours emphatiques de l'ancien style révolutionnaire mis à la mode par J.-J. Rousseau!
Enfin, que l'on examine sans passion et sans parti
pris la valeur intellectuelle des hommes qui,
depuis quarante ans, se sont succédé soit dans
nos assemblées, soit à la direction du pouvoir,
et que l'on nous dise si, après des résultats aussi
désastreux, il est vraiment possible de contester
la sévérité d'un semblable jugement?

Viendra-t-on pareillement nous parler de la
forte unité de la France et de son *esprit national*,
créés — ainsi qu'on l'enseigne dans nos lycées—

par la déclaration de nos immortels principes?
Mais quelle peut être la forte unité d'un peuple
dont les divisions politiques, les opinions et les
antagonismes sociaux sont tellement nombreux
qu'il y aurait impossibilité absolue à vouloir les
énumérer? Et, quant à son esprit national, quel
est donc le patriotisme qui, dans ces conditions,
pourrait encore exister, lorsqu'on entend émettre et défendre, par de nombreux esprits avancés
du parti radical, les regrettables sophismes avec
lesquels on substitue l'idée de la famille uni-
verselle des peuples — dût-on subir le joug d'un
vainqueur — à celle de notre nationalité ? et
quel peut être le patriotisme d'une nation qui
ne croit plus à rien, où, tous les quinze ou vingt
ans, on accepte par nécessité la création de
nouvelles dynasties que l'on abandonne par in-
souciance, scepticisme ou lâcheté? Rappellerons-
nous également les paroles que, dans un de ses
livres d'histoire à l'usage de la jeunesse, écrivait
un ministre du dernier règne : « Les immortels principes de 89 sont toujours le fonde-
ment de notre droit public et l'espoir des nations (1)» ? Déplorables illusions! Mais quel est

____

(1) M. Duruy, *Histoire de France.*

donc en Europe l'Etat qui, le plus mal gouverné,
celui dont les lois seraient les plus défectueuses
ou du moins nous paraîtraient telles, qui, disons-le, consentirait à acheter ces immortels
principes au prix du sang et des hontes qu'ils
nous ont coûté? Quelle est, certes, la nation qui
ne possède à l'heure présente plus de liberté,
d'égalité et de fraternité qu'il n'a jamais été
donné à la France d'en jouir sous les trois es-
sais de république dont elle a souillé son histoire? Quel bonheur, quelle puissance peut espérer obtenir un pays dans l'application de
lois issues du cœur de ces hommes apparte-
nant à la Constituante, à la Législative et à la
Convention, lorsque, pour ces hommes, les
haines envieuses, les spoliations et les assassinats politiques étaient les premiers mobiles et
les derniers arguments de tous leurs actes; quand
enfin, et comme antithèse, nous voyons un peuple, la Prusse, qui, possesseur de réformes mo-
ralisantes : instruction primaire et religieuse
donnée à tous, impôt sur le revenu, défense de
la patrie rendue obligatoire au dévouement de
tous les citoyens, vient nous donner en exemple
que, pour les posséder, il n'a pas été dans l'obligation de subir la honte d'une désorganisation

sociale et de commettre les horreurs d'une révolution aussi criminelle que le fut la nôtre?

Souvent encore, en raison de nos perpétuelles
révolutions, on parle de l'esprit ingouvernable
de la nation française. Si, comme nous l'espé-
rons, nous avons prouvé que la cause principale
de notre décadence devait être attribuée aux
fautes de la bourgeoisie, nous croyons devoir
ajouter que, malheureusement, elle n'est pas la
seule coupable. Il existe une autre cause presque
aussi puissante : elle est due à la faiblesse des
hommes auxquels ont été confiées les forces de
l'État et qui, par un inqualifiable oubli de la
responsabilité dont ils étaient investis pour le
salut d'un peuple, sont venus seconder l'action
dissolvante des meneurs du parti révolutionnaire.

Prenons pour exemple le dernier règne.
Quelle que soit, suivant nos opinions, l'illégiti-
mité de son origine, n'est-il pas certain que si,
pendant quinze années, la France, ou, pour être
plus exact Paris, est demeuré calme et tran-
quille, c'est qu'il sentait qu'au sommet du pouvoir se trouvait placé un homme énergique et
fort? C'est alors que, très-prudemment, Paris et

la France ont supporté les restrictions qui leur étaient imposées, quand on compare le libéralisme restreint du pouvoir impérial aux libertés beaucoup plus complètes dont le pays jouissait sous les deux gouvernements qui ont précédé. Ce peuple, on le voit, n'est pas tellement ingouvernable, quand, surtout, on sait le convaincre que la répression suivra de près toute tentative de révolte ; et Napoléon III lui a montré, pendant les premières années de son règne, qu'il ne fallait que de la fermeté pour maintenir l'ordre.

Ce n'est qu'à partir du jour où cinq députés escamotèrent en se riant la sainteté du serment — ce que des hommes d'honneur, fidèles au principe monarchique légitime, ne se seraient jamais permis de faire — que la révolution entrait de plain-pied dans la représentation nationale. Ils étaient les précurseurs de cette opposition qui plus tard, pour notre malheur, vint, conjointement avec une Chambre frappée d'incapacité et de vertige, entraver l'armement de la France et réclamer des *libertés nécessaires*, mais surtout nécessaires pour aider, comme toujours, au renversement du pouvoir. A cette époque, aux yeux de tous, la main du souverain faiblissait, et l'audace des hommes de l'opposition ne faisait, en conséquence, qu'augmenter.

Ce n'est donc, en réalité, que par manque d'énergie, lassitude de la lutte avec les assemblées et tolérance coupable du pouvoir, que les révolutions parviennent à s'accomplir. Le chef de l'Etat ne devrait jamais oublier qu'astreint aux difficultés du gouvernement parlementaire, et placé sans intermédiaire en face du peuple, c'est au moment où sa main ne sera plus assez ferme pour maintenir intacte la suprématie du pouvoir, que le peuple renversera le souverain dès l'instant où ce dernier ne sera plus une épée.

Si Louis XVI, homme au cœur simple et bon, mais roi faible et sans initiative, avait eu l'énergie de monter à cheval aussitôt la première insurrection sérieuse, celle du 14 juillet, il pouvait encore sauver la royauté. Que de désastres et de hontes il eût, par cette décision, épargnés à la France !

Si Charles X, moins frappé qu'il ne l'était par les malheurs de sa famille, moins accablé par l'assassinat d'un fils, moins dégoûté du pouvoir par les attaques et les injures d'une opposition violant elle-même la Charte, avait pris la résolution de livrer bataille aux bandes qui marchaient sur Rambouillet, n'eût-il pas retardé les défections, arrêté les trahisons, et rallié autour de lui les hommes d'ordre justement effrayés, pour l'avenir du pays, des conséquences d'une pareille situation politique et sociale ?

Parlerons-nous de la conduite de Louis-Philippe, lequel, au 24 février, abandonné de son ministre de la dernière heure, ne sut prendre aucune décision, même de celles que peut inspirer le plus simple bon sens ; et qui, l'esprit perdu, la volonté inerte, fuyait sur Versailles, puis là, dans une salle basse de Trianon, la tête en ses mains, accablé de douleur — et peut-être de remords — répétait à tout instant : Comme Charles X ! comme Charles X !

Que dire de Napoléon III abandonnant après une défaite le commandement de son armée, sa seule puissance, sa seule sauvegarde, pour essayer d'apaiser l'opinion publique de Paris ; quand déjà, par une faute inconcevable, il avait subordonné la direction de l'Etat aux mains impuissantes d'une femme, elle-même si mal conseillée par son entourage et livrée à tous les périls de la situation au milieu du gouffre parisien ? Etait-ce dans Paris, ville de guerre — et de révolutions — qu'il fallait convoquer les Chambres

après Reichshoffen, et Bourges ou toute autre
localité n'était-elle pas indiquée pour la réu-
nion de tous les pouvoirs, y compris ceux de la
régence ?

Que conclure enfin de tous ces souverains
oubliant que l'on n'est roi qu'à la condition d'être
une épée, et surtout d'être à la fois chef et
soldat? C'est à l'inobservation de ces préceptes,
les bases fondamentales de la force et de la sécurité des Etats, que sont dues les causes de notre déchéance politique et sociale, et cela pour
une part presque aussi grande, on peut l'affirmer, qu'à celle qui incombe aux agissements révolutionnaires de la bourgeoisie.

Lorsque des citoyens honnêtes et consciencieux, mais ne partageant pas le fol aveuglement
général, envisagent toutes ces ruines et cherchent
à conjurer les nouveaux périls qui nous me-
nacent, c'est alors que nous voyons les ambitieux
promoteurs de nos révolutions venir audacieusement et sans rougir se poser, pour le passé et
le présent, en défenseurs de l'ordre et nous parler de *l'incorrigibilité des partis.* Ah! l'on conçoit que, dans le profond scepticisme de leur
âme, ils soient incapables d'apprécier combien

l'honneur, le dévouement et surtout la raison
peuvent faire naître de réelle abnégation dans
l'esprit de certains caractères! ils ne peuvent
comprendre que des hommes soient désintéres-
sés et qu'ils ne possèdent, pour vertu première,
que la fidélité à leurs opinions religieuses et
royalistes, eux qui n'ont jamais eu pour parti
et pour seule idole que la ridicule adoration de
leur personnalité et la croyance en leur infailli-
bilité politique! On conçoit encore que, pour de
tels hommes, pétris d'un tel limon, la patrie dé-
membrée sera toujours assez grande; elle con-
tiendra facilement leur ambition, leur individualité et leur cœur, eux qui, nés dans une
arrière-boutique, ainsi que Colbert, n'ont pas
su, à l'exemple de cet homme, respecter les lois,
être fidèles à leur souverain; eux, dont l'esprit,
aussi bas que les sentiments, ne leur a jamais
permis de s'élever au-dessus des idées vulgaires;
eux enfin qui, faute d'intelligence, d'énergie et
de loyauté, n'ont pas été capables de maintenir
l'honneur, la dignité et la force de la France!

Lorsque nous cherchons à ramener au prince
légitime les sympathies et les affections des
masses populaires, on viendra nous objecter,
c'est probable, que, les Bourbons n'ayant su ni les

inspirer ni les conserver, c'est pour ces motifs qu'ils sont tombés. A cela nous répondrons : que la nation française est depuis longtemps démoralisée ; qu'elle a perdu, faute d'intelligence sociale, tous les sentiments du devoir, de la fidélité et de l'honneur ; que s'il n'en était pas ainsi, elle n'eût pas été soumise aux révolutions et aux malheurs qui la frappent ; que le patriotisme ou la foi politique n'est aujourd'hui, pour le plus grand nombre, qu'une simple question de vanité et surtout la sécurité de leurs intérêts matériels ; que, dans ces conditions, on perd toute affection, même pour ceux qui la méritent, et qu'il faut posséder la présomption du peuple français pour que, tombé aussi bas, il puisse avoir encore la prétention de se croire et d'oser se dire qu'il est une nation ! Cessons donc toutes illusions à cet égard, considérons la patrie mourante, et sachons bien que, après avoir détruit la royauté, si, par nos fautes anciennes, la France est abattue, elle court encore plus le risque, par de nouvelles fautes, de ne jamais se relever.

Un seul homme pouvait effectuer ce miracle. Mais est-il permis d'y songer au milieu de l'aveuglement des partis, et lorsque la France reste insensible et muette à l'expression des nobles sentiments que, dans ses lettres, cet homme lui exprimait ; lorsqu'elle n'est même pas en état d'apprécier, pour son salut, tout ce qu'il y a d'é- levé dans cette franchise à laquelle, on peut le dire, nous ne sommes plus habitués, et qui ne peut se rencontrer que dans le principe même de toute vérité : le droit ?

Que faudrait-il donc lui dire à ce peuple pour le persuader ? Rien de nouveau ne peut être émis sur un pareil sujet ; toutes les idées de sa- gesse ont été énoncées ; toutes les grandes véri- tés ont été formulées ; mais l'erreur, depuis un demi-siècle, n'a fait que s'accroître, et certes ce n'est pas nous, écrivain de rencontre, qui pour- rions jamais avoir la prétention de mieux dire ce que tant de nombreux auteurs de talent, les défenseurs de la monarchie légitime, ont ex- primé avec plus d'autorité que nous ne pour- rions jamais le faire.

Puis enfin, confessons-le, nous sommes dé- couragé, honteux de cette folie générale, de cette bacchanale révolutionnaire qui, tous les quinze ou vingt ans, viennent remettre en question l'exis- tence d'un peuple incapable de conserver au- cun gouvernement ; et, tout en reconnaissant la faiblesse de cette étude pour faire accepter les arguments avec lesquels — en invoquant la droiture et le bon sens — nous essayons d'exprimer nos aperçus politiques, nous avouons sincèrement qu'en écrivant ces pages, c'est autant pour le soulagement de notre cœur, dégoûté d'un tel spectacle, que pour l'accomplissement d'un devoir et la défense d'un droit auguste, ces deux moyens de salut qu'un peuple affolé n'est même plus en état de reconnaître.

Il se peut que certaines personnes, taxant d'exagération la franchise de nos opinions, trouvent trop amères les sincérités de notre langage; conséquemment elles pourraient, dans cette hypothèse, en conclure que nos jugements sont le résultat de la passion, et qu'alors ils ne respectent pas assez ce que l'on est convenu d'appeler le drapeau de la patrie.

A cela nous répondrons : que l'on écrit et que l'on parle en raison directe de la force de ses convictions, de ses impressions, et surtout des pénibles froissements dont le cœur est atteint par les malheurs qui nous frappent; mais que, pour nous, rejetant tous les sophismes habituels, nous n'accepterons jamais comme étant le drapeau de la patrie un drapeau volé et tenu par la main

de ces hommes, lesquels, en présence de l'ennemi, n'ont pas eu honte de renverser le pouvoir existant, notre seul refuge dans le moment
le plus critique et le plus terrible de notre histoire ; de ces hommes qui, s'arrogeant sans aucun droit la dictature, ordonnaient aux citoyens
de marcher aux combats -- au nom de la patrie
qu'effrontément ils prétendaient représenter —
quand pas un seul de ces gouvernants de hasard
n'osait donner l'exemple du sacrifice personnel
en face de l'ennemi! Ah! certes, nous compre-
nons qu'un citoyen doit toujours être prêt à faire
abnégation de sa vie pour la défense et le salut
de son pays : c'est le premier de ses devoirs ;
mais lorsque le pays est lui-même privé de raison, sans dignité, réfractaire aux notions de
l'honneur, abandonnant son Dieu, son roi et ses
institutions pour obéir lâchement aux ordres
d'usurpateurs, d'avocats et d'aventuriers, ne
faut-il pas admettre qu'en présence d'une semblable abjection morale un homme puisse hési-
ter à donner sa vie, quand un tel sacrifice ne doit
être profitable qu'à l'avidité et à l'ambition de
ces individualités qui, toutes, prétendent nous
imposer leurs volontés et leurs lois? Enfin, quels
dévouements auraient-ils donc la prétention

d'exiger des honnêtes gens, ces hommes dont
l'existence ne fut le plus souvent qu'une comédie
ridicule, aussi méprisable dans la vie privée que
dans la vie politique, et qui viendraient impu-
demment s'arroger le droit de représenter le
drapeau de la patrie?

Mais si leur cœur est fermé à tous les nobles
sentiments, ce qui leur reste d'intelligence devrait au moins comprendre que, dans un Etat en
révolution, les devoirs du citoyen, ceux du père,
ne sont plus que des devoirs humanitaires; et
que, dans une pareille situation d'anarchie, les
droits de la famille deviennent supérieurs aux
obligations sociales et politiques. Toute majorité, qu'elle soit le fait de la collectivité ou de la
souveraineté déléguée à un seul, vous doit aide,
protection et sécurité; et, du moment qu'elle est
impuissante pour remplir ses devoirs de souverain envers vous, elle vous dégage entièrement
des vôtres envers elle. Tel est l'inévitable et fatal
dissolvant qu'amènent les révolutions. A ce jour,
la France subit la loi de l'étranger, elle succombe
sous les déchirements des partis, elle se meurt ;
eh bien! vous tous, les promoteurs de nos per-
turbations civiles, écoutez les paroles de l'un des
vôtres, d'un homme qui, s'il existait encore,

viendrait, de ses écrits, flageller vos fautes et
vos crimes; vous comprendrez, si les paroles de
cet auteur ne font que justifier les nôtres, combien alors elles vous accusent et vous condamnent! « Toute nation, dit Proudhon, incapable
de s'organiser politiquement, et dans laquelle
le pouvoir est instable, est une nation destinée à
la consommation de ses voisins. Là où manque
la force, le gouvernement ne tient pas, et la nationalité encore moins. La mort de l'Etat n'entraîne pas celle des citoyens; il n'y a pas de pire
condition pour ceux-ci que celle d'un Etat dé-
crépit et déchiré par les factions. Quand la patrie
est réfractaire à la liberté, quand la souveraineté
publique est en contradiction avec celle du citoyen, la nationalité devient un opprobre, et la
régénération par la force étrangère une nécessité (1). » Que l'on compare ces paroles triste-
ment prophétiques à celles que précédemment
nous avons énoncées, et que l'on nous dise si,
par leur vérité, elles ne sanctionnent pas les
restrictions du dévouement à la patrie, quand
surtout ce dernier sentiment ne doit être profitable qu'aux seuls auteurs de nos ruines?

(1) P.-J. Proudhon, *La Guerre et la Paix.*

Cependant, si, aux yeux de quelques personnes, cet opuscule était dans la nécessité de justifier, non les idées qu'il contient et dont l'auteur accepte la responsabilité, mais les motifs qui les lui ont fait émettre, nous ne pourrions que leur rappeler, comme conclusion, ce que nous avons exprimé dans un précédent écrit :

Lorsque, depuis quarante ans, un citoyen accepte en silence, subit avec douleur toutes ces hontes et ces calamités sociales provoquées par une nation en délire, on doit au moins admettre que ce citoyen puisse avoir le droit, en l'absence d'un pouvoir définitif et régulièrement constitué, de développer ses appréciations sur les événements et les causes des malheurs qui frappent sa patrie.

Il ne peut croire que la liberté de la parole ou de l'écrit soit la propriété exclusive de ces hommes qui viennent audacieusement réclamer la dissolution d'une Chambre que le chef du pouvoir actuel, son délégué, nous a dit être « si librement élue ; » mais cela, il est vrai, avant qu'il fît entendre la menace « d'en appeler au pays, » ce dangereux et ambitieux moyen si peu justificatif des actes de la violence autoritaire, lorsqu'elle veut, comme toujours, s'exempter de la légalité.

Toutefois, pénétré de la suprématie légitime de l'Assemblée— cette dernière et faible expression d'une souveraineté devenue légale par l'impérieuse loi de la nécessité — il fera remarquer que ses appréciations n'ont pas à s'adresser au pouvoir, quel qu'il puisse être, créé par la majorité. L'auteur ne combat que les révolutions et les révolutionnaires ; il ne frappe que les vulgaires ambitieux ; il n'atteint que les bas chercheurs de popularité ; il ne flétrit que les obséquieux flatteurs d'une nation, lesquels, selon lui, sont encore plus coupables que les flatteurs des rois : car, si les derniers ne contribuent qu'à démoraliser un homme, les premiers amènent la dégénération d'un peuple.

Il ne peut également supposer qu'en France l'abaissement des caractères soit devenu assez complet pour oser blâmer ou défendre d'émettre des opinions que, certes, beaucoup de gens, avec l'esprit d'ignorance sceptique et d'imbécillité railleuse de notre époque, taxeront d'idées retardataires du progrès ; et l'auteur, il doit l'avouer, a encore la faiblesse, peut-être ridicule à leurs yeux, de croire que les vieilles maximes du dévouement, de la croyance religieuse et de la fidélité politique sont les préférables, attendu qu'elles constituent le véritable progrès, le progrès moral. Enfin, s'il reconnaît un principe monarchique; s'il le défend, s'il le proclame le seul légitime, c'est qu'il croit posséder la liberté de le faire tant que la volonté de tous — fût-elle encore une nouvelle erreur — exprimée par l'Assemblée, aujourd'hui en possession des destinées de la France, n'aura pas statué sur la forme définitive du gouvernement.

Paris. — Imprimerie A. HENNUYER, rue du Boulevard, 7.